KLEINES SCHOPENHAUER-BREVIER

Gedanken aus
dem Handschriftlichen Nachlaß
Auswahl und Nachwort
von Rudolf Malter

Insel Verlag

Erste Auflage 1987

Satz: Hümmer, Waldbüttelbrunn
Druck: Nomos Verlagsgesellschaft, Baden-Baden
Printed in Germany
ISBN 3-458-14594-X

Inhalt

Was macht den Philosophen? Der Mut, keine Frage auf dem Herzen zu behalten.

Arthur Schopenhauer

Zur Textgestalt

Sprache und Lautstand der Schopenhauerschen Originaltexte wurden unverändert übernommen. Die Orthographie wurde – mit Ausnahme der von der heutigen Rechtschreibung abweichenden Großschreibung einiger Wörter – der heute üblichen angeglichen. Die Zeichensetzung wurde behutsam modernisiert.

Philosophie

Wie soll der, der selbst an einer Erdscholle festklebt, sich in die Lüfte erheben und von da die Welt unter sich überschauen? Wie soll der, den eine Begierde oder Sorge oder sonst irgend eine Subjektivität festhält, philosophieren? (1)

*

So arm und dürftig ist alle Wissenschaft und ihr Weg ohne Ziel! – Aber die Philosophie verläßt ihn und tritt zu den Künsten über. Da wird sie sein wie die Künste alle, reich und allgenugsam. – Seht den Musiker, wie er im Triumph seine Kunst übt, die ihre Allgenugsamkeit über ihn verbreitet. Bleiben da noch Zweifel und Skrupel zu lösen? Sie spricht auf ihre Weise die Welt aus und löset alle Rätsel. Keine Beziehung ohne Ende auf ein Andres macht hier, wie in der Wissenschaft, alles zum Bettel. Man begehrt nicht weiter, man hat Alles, man ist am Ziel; allgenugsam ist diese Kunst, und die Welt ist vollständig wiederholt und ausgesprochen in ihr. Auch ist sie die erste, die königlichste der Künste. Wie die Musik zu werden ist das Ziel jeder Kunst. Aber auch die Malerei löset ihre Aufgabe und eben so die Skulptur: sie wiederholen die Welt, wo nicht die ganze, doch den Teil der im Gebiet ihres Materials liegt: die Ideen stellen sie dar, dasjenige aus dieser Welt was allein Bestand hat und nicht stets bei einem andern Anhalt sucht und bettelt, das, was auf diesem rast- und bestandlosen Strom vierfachgestalteter Gründe und Folgen allein feststeht wie der Regenbogen auf den unsteten, fallenden Tropfen. – Und so auch die *Poesie* erreicht ihr Ziel und ist allgenugsam. Zwar braucht sie schon die Begriffe, aber nur als Mittel, die Repräsentanten dieser Begriffe sind es, die sie durch dieselben herbei rufen will, daß der Hörer die Welt anschaue in derjenigen Ordnung, Zusammenstellung und von derjenigen Seite, die der Dichter will: und so angeschaut ist sie dann kein Rätsel mehr, sie spricht sich selbst aus, hier wie in der Musik. – Doch ist nicht zu leugnen, daß so unmittelbar am Ziel, so ganz in jedem Teil, so allgenugsam und für alle Ewigkeit reich, wie die Musik keine andre Kunst ist. Dafür aber liegt sie uns auch am fernsten, von unserm Jammer aus reicht keine Brücke zu ihr hinüber, und unser Leiden unser Tun und Treiben bleibt ihr ewig fremd: sie kommt und schwindet wie ein Traum, wir bleiben im Jammer. Die unvollkommneren Künste liegen unserm Leben näher und doch sind sie alle in ihrer Art der *Allgenugsamkeit* teilhaft, die der *Kunst* wesentlich ist, wie ewige unabhelfbare *Dürftigkeit* der *Wissenschaft*. So soll also auch die *Philosophie* *allgenugsam* werden, herausgehoben aus dem rastlosen Strom, der die Wissenschaften trägt, zur feststehenden ruhigen Kunst. Aussprechen soll sie, was die Welt ist, nicht mehr nur das Material betrachten, auf dem sie abgebildet ist. Wiederholen soll sie die Welt, welches das Geschäft jeder Kunst ist: sie wird sie in Begriffen wiederholen, die hier nicht wie bei der Poesie Mittel sein werden, sondern Zweck; im Allgemeinen wird sie die Welt aussprechen. Denn die Idee, die sich in der Vielheit des Wirklichen zersplittert, wird im Begriff wieder gesammelt, zwar nur in einem toten und farblosen, aber haltbaren, bleibenden, der Vernunft stets zu Gebot stehenden Abbild. (2)

*

Meint ihr denn die Philosophie werde nicht sein wie jedes echte Kunstwerk, das unerreichbare Maß, an dem Jeder seine eigne Höhe mißt? sondern sie werde sein wie ein Rechnungsexempel, das auch der Beschränkteste und Geistesärmste sich vollständig aneignen und übersehn kann? (3)

*

Der Philosoph hat vor andern bloß das voraus, daß er *in abstracto* weiß, was Alle *in concreto*. (4)

*

Sofern die Philosophie nicht Erkenntnis nach dem Satz vom Grund ist, sondern Erkenntnis der Idee, ist sie allerdings den Künsten beizuzählen: allein sie stellt die Idee nicht, wie die andern Künste, als Idee, d. h. intuitiv dar, sondern *in abstracto*. Da nun alles Niederlegen in Begriffen ein Wissen ist, so ist sie in sofern doch eine Wissenschaft: eigentlich ist sie ein Mittleres von Kunst und Wissenschaft, oder vielmehr etwas das beide vereinigt. (5)

*

Die *Philosophie* ist in dem Fortgang des menschlichen Wissens, folglich auch in dessen Geschichte, das, was in der Musik der Grundbaß. Wie jede einzelne musikalische Periode oder Lauf dem Ton entsprechen muß, zu dem der Grundbaß eben fortgeschritten ist; so muß jeder Schriftsteller, in welchem Fach es auch sei, das Gepräge tragen der Philosophie, die zu seiner Zeit herrscht; sie sei, wie sie wolle. Denn sonst hätte er entweder gar kein Bedürfnis der Philosophie gefühlt, wäre mithin geistlos; oder auch er hätte seine eigne Philosophie: dann aber hätte er diese gegeben, statt das Werk aus seinem Fach, daran er seine Kräfte verwandt hat. (6)

*

Man denke sich das ganze *menschliche Wissen* als einen vielzweigichten Baum, doch so, daß vom Stamm wenige Zweige ausgehn, von welchem aus, durch allmähliche Verästelung, sich unzählige, zuletzt ganz kleine Zweige verbreiten. – Der Bearbeiter einer speziellen Wissenschaft ist bemüht, zwei der letzten und kleinsten Zweige zusammenzubringen; was nicht schwer hält, da sie sehr nahe beisammen stehn. – Der *Philosoph* hingegen trachtet die unmittelbar vom Stamm ausgehenden Hauptäste in Verbindung zu setzen. Daher wird er nicht Experimente machen mit Laugensalzen und Säuren, oder mühsame Nachforschungen anstellen, um auszumachen, ob es wirklich nur 7 Könige in Rom gegeben, oder die Gleichung des Diameters gegen die Peripherie noch um einige Dezimalstellen weiter rechnen: sondern er wird das Leben im Ganzen und Großen betrachten, dessen Haupt- und Grundzüge, die sich eben auch in der alltäglichsten Erfahrung hervortun, richtig und vollständig aufzufassen suchen. (7)

*

Empirische Wissenschaften, verfolgt rein ihrer selbst wegen, ohne philosophische Tendenz, sind wie ein Antlitz ohne Augen. (8)

*

Daß es mit der Philosophie Ernst sein kann, davon hat in der Regel niemand weniger Ahnung als ein Dozent der Philosophie; so wie in der Regel niemand weniger an das Christentum glaubt als der Papst. (9)

*

Studierende und Studierte aller Art und jedes Alters gehn in der Regel nur auf Kunde aus und nicht auf Einsicht. Sie setzen ihre Ehre daran, von allem Kunde zu haben, von allen Steinen oder Pflanzen, oder Bataillen oder Krankheiten, samt und sonders von allen Büchern. Daß die Kunde ein bloßes Mittel zur Einsicht ist, und an sich wenig oder keinen Wert hat, fällt ihnen nicht ein, ist hingegen die Denkungsart, welche den philosophischen Kopf unterscheidet und charakterisiert. (10)

*

Die Entzifferung der Welt muß sich aus sich selbst bewähren durch die Übereinstimmung, in die sie alle Seiten der Welt zu einander bringt, welches nur durch ihre Vermittelung geschehn kann.

Wenn man eine Schrift findet, deren Alphabet unbekannt ist, so versucht man so lange die Auslegung, bis man auf eine Annahme der Bedeutung der Buchstaben gerät, unter welcher sie verständliche Worte und zusammenhängende Perioden bilden; dann aber bleibt durchaus kein Zweifel an der Richtigkeit der Entzifferung; weil es nicht möglich ist, daß die Übereinstimmung und der Zusammenhang, in welche diese Auslegung alle Zeichen jener Schrift setzt, bloß zufällig wäre, und man die Buchstaben noch ganz anders benennen und dennoch verständliche Worte und zusammenhängende Phrasen in ihrer gegenwärtigen Zusammenstellung erkennen könnte: auf gleiche Art muß die Entzifferung der Welt sich aus sich selbst vollkommen bewähren als die allein echte und wahre. Sie muß ein gleichmäßiges Licht über alle Erscheinungen in der Welt verbreiten und muß die heterogensten mit sich und dadurch miteinander in Übereinstimmung bringen: es muß nach ihrer Anwendung kein Widerspruch zwischen den verschiedenartigsten Erscheinungen sein. So bewährt sie sich aus sich selbst: es ist das alleinige Merkmal ihrer Echtheit. Denn jede falsche Entzifferung wird allenfalls zu einigen Erscheinungen passen, aber den übrigen grell widersprechen. Z. B. daß die Welt von einem allgütigen und allmächtigen Wesen hervorgebracht sei, auf daß sie beglückt werde, widerspricht dem durchgängigen Leiden alles Lebenden, welches um so größer ist als das Wesen vollkommner und höherer Art ist. – Daß die Welt eine fortschreitende Entwickelung zu höherer Vollkommenheit ist, widerspricht sich selbst, indem es dem Nachher vor dem Vorher einen ursprünglich höhern Rang einräumt. Was dereinst sein soll, müßte auch schon jetzt sein; da in jedem Augenblick eine unendliche Zeit abgelaufen ist. Meine Entzifferung (gleich einem Alphabet, welches alle Worte mit gleicher Vollkommenheit lesen läßt durch Anwendung derselben wenigen Zeichen) gibt durch Anwendung desselben Gedankens die Auslegung zum innern unveränderlichen Streben jedes Wesens, genannt Charakter oder *essentia,* zum Leiden des Lebens und zur Furcht vor dem Tode, zum Genusse des lebensfrohen Menschen und zur Wonne der Resignation, zur Freude am Schönen und zur Unfähigkeit der Menge anders als wollend des Lebens froh zu werden: sie setzt alle Erscheinungen in Zusammenhang und Übereinstimmung, bringt Einheit und Ordnung in ihr Gewirre und ist ein Exempel, das aufgeht. Und welche andre Bewährung als diese Innere könnte ein philosophisches System haben? – Etwa die Ableitung aus einem Begriff? der bliebe dann als unerklärte und blind angenommene Notwendigkeit stehn. Das gefundene Wort eines Rätsels bedarf nicht noch eines Beweises, daß es das rechte sei, sondern dies zeigt sich eben dadurch, daß alle Aussagen des Rätsels zu ihm passen. Man muß nur

den Willen und die Fähigkeit haben, jede Aussage mit dem Wort zu vergleichen: beim Rätsel der Welt ist aber Wille und Fähigkeit hiezu nur Wenigen beschieden. Sie sehn durch die Brille des Vorurteils und haften an der früh eingeprägten Meinung.
Die wahre Philosophie wird sich dadurch bewähren, daß die unzählbaren Widersprüche, von denen die Welt (aus jedem andern Standpunkt gesehn) voll ist, in ihrem Lichte sich auflösen und verschwinden, hingegen Zusammenhang und Übereinstimmung überall zu finden sind. (11)

*

Das Natürliche im Gegensatz des Übernatürlichen bedeutet das dem gesetzmäßigen Zusammenhang der Erfahrung überhaupt gemäß Eintretende: da aber die Erfahrung bloße Erscheinung ist, d. h. da ihre Gesetze bedingt sind durch die Form der Vorstellung in der sie sich darstellt, d. h. durch den Intellekt dem die Erfahrung gegeben wird; so ist das Übernatürliche, d. h. das jenen Gesetzen zuwider dennoch Erfolgende, Äußerung des Dinges an sich als solchen, welche in den Zusammenhang der Erfahrung gesetzwidrig einbricht. Die Entgegensetzung eines Natürlichen und Übernatürlichen spricht schon die dunkle Erkenntnis aus, daß die Erfahrung mit ihrer Gesetzmäßigkeit bloße Erscheinung sei, hinter welcher ein Ding an sich steckt, das ihre Gesetze jeden Augenblick aufheben könnte.
Philosophie ist eigentlich das Bestreben, durch die

Vorstellung hindurch Das zu erkennen, was nicht Vorstellung ist und doch auch in uns selbst zu finden sein muß, sonst wir bloße Vorstellung wären. (12)

*

Der Dichter bringt Bilder und Situationen des Lebens und menschliche Charaktere vor die Phantasie, die er in Bewegung setzt, und überläßt nun Jedem bei diesen Bildern so viel und so weit zu denken, als dessen Geisteskraft vermag: darum kann er Toren und Weisen zugleich genügen und überhaupt Menschen von den verschiedensten Fähigkeiten. Hingegen der Philosoph bringt nicht jene Realitäten (die Bilder des Lebens), sondern die daraus von ihm abstrahierten Gedanken und fordert nun, daß Jeder eben so weit denke als er: darum muß sein Publikum klein sein. – Insofern steht er sehr im Nachteil: Dagegen ist der Beifall, den er erntet, der Beifall der Denker, der Auserwählten langer Zeiträume. Daher flößt ein großer Philosoph viel mehr Ehrfurcht ein als ein großer Dichter. Aber die Menge kann nie mehr als seinen Namen auf Autorität, mit dumpfer Ahndung seines Verdienstes verehren. (13)

*

Eine Wissenschaft, abgeleitet aus bloßen Begriffen, das wäre die Philosophie! – Wie ist doch das ganze Eigentum der Begriffe nichts andres, als was der anschaulichen Erkenntnis abgebettelt worden, jener wahren Quelle aller Einsicht.
Daß die Platonische Ansicht die rechte ist, und nicht

die Aristotelische, erhellt schon daraus, daß des Plato's oberste Erkenntnisquelle die Ideen sind und diese anschaulich. Hingegen des Aristoteles oberste Erkenntnisquelle sind die Begriffe, vorzüglich den Begriff des *ens* aus dem er seine ganze Metaphysik ableitet. (14)

*

Die Philosophie ist die Betrachtung der Erfahrung als solcher, also des Ganzen der Erfahrung; nicht dieser oder jener Erfahrung, wie die übrigen Wissenschaften. Daraus folgt, daß das Erste, was sie zu betrachten hat, sein muß das *Medium*, oder die Form, in welcher die Erfahrung überhaupt sich darstellt: dieses *Medium* ist die Vorstellung oder die Erkenntnis. Dieserhalb muß alle Philosophie anheben mit Untersuchung des Erkenntnisvermögens und seiner Gesetze. (15)

*

Daß alle Systeme wahr seien und nur besondre Gesichtspunkte der Wahrheit, kann zuvörderst nur unter starken Einschränkungen gelten: weil sonst in der Philosophie gar kein totales Irren möglich wäre. Die Einschränkungen aber heben gewissermaßen den Satz auf, indem herauskommt, daß nur die gewissermaßen wahren Systeme gewissermaßen wahr seien. – Sodann aber, wenn wir auch zugeben, daß sehr verschiedne Systeme, ja entgegengesetzte, zugleich wahr sind, indem sie verschiedene Gesichtspunkte des Wesens der Welt sind; so sind diese Gesichtspunkte doch einander untergeordnet und übergeordnet: der höhere Gesichtspunkt hebt die Wahrheit des niedrigeren auf, die also nur relativ war; und ein Gesichtspunkt, von dem aus man die relative Wahrheit aller andern in absolute Falschheit auflöst und sie alle übersieht, muß der höchste sein: er ist das wahre System. Der niedrigste Gesichtspunkt ist wohl der des Aristipp, und doch relativ wahr. (16)

*

Für die Philosophie könnte nichts Besseres geschehn, als daß alle Professuren derselben aufgehoben würden. Dadurch würde der größte aller Übelstände gehoben, nämlich daß Die, welche die Wahrheit suchen, kollidieren mit Denen, welche nur ein Stück Brot suchen, von deren Politik und Ränke jene mannigfach gestört werden, nie geholfen. – Philosophie ist für Ausnahmen: nur das entschiedenste Genie kann sie fördern: der gewöhnliche Mensch verdirbt sie, sobald er nur ein Wort aus eignen Mitteln hinzusetzt. Was ist daher aus der Philosophie seit Kant geworden! da alle die Ordinarien und Extraordinarien mitgeredet haben. (17)

*

Jede Philosophie, die nicht vom empirischen Bewußtsein ausgeht, sondern von beliebig gewählten Begriffen, schwebt in der Luft: denn das empirische Bewußtsein ist das einzige unmittelbare. (18)

*

Wenn wir nicht von bloßer Klugheit, noch weniger vom bloßen Gedächtnis reden; sondern von der Fähigkeit zur Erkenntnis des Wesens der Welt und der Dinge, wie sie das Problem der Kunst und der Philosophie sind; so ist, was den wesentlichen und durch nichts aufzuhebenden Unterschied im Intellektuellen, zwischen Mensch und Mensch begründet, die Verschiedenheit des Grades der Reinheit und Objektivität der Anschauung. Diese aber fällt aus, je nachdem der Wille von der Erkenntnis geschieden ist und diese rein und eben deshalb objektiv läßt: sie ist beim Tier vom Wollen noch unzertrennlich, es erkennt an den Dingen nichts als ihre Motivation für seinen Willen: hingegen faßt auch der stumpfeste Mensch schon etwas Objektives an den Dingen auf, d.h. etwas, das sie in Bezug auf sich, nicht auf ihn sind; und dies Objektive steigert sich stufenweise so, daß beim Genie die Auffassung der Idee, d.h. des objektiven Wesens der ganzen Gattung des Dinges, nicht im Begriff, sondern in der Anschauung, an seine Stelle tritt, wobei alsdann der Wille ganz aus dem Bewußtsein schwindet.

Werden aus der menschlichen Anschauung überhaupt, wie sie auch sei, Resultate und allgemeine Wahrheiten in abstrakte Begriffe abgezogen; so gibt dies eine Philosophie. Da die Begründung dieser allein in der Anschauung liegt, aus der sie sich gleichsam abgesetzt hat; so muß sie verschieden ausfallen, je nachdem die Anschauung ist, auf die sie sich bezieht. – Hieraus folgt, daß es gar keine für alle Menschen vorhandne und allgemeingültige Philosophie geben kann. Denn der Unterschied im Grade der Intelligenz ist viel zu groß. Die wahre Philosophie, wann sie erscheint, wird nur für Wenige, für Köpfe erster Gattung wirklich gültig sein; gleichviel ob die Andern ihr auf Autorität huldigen oder nicht, wozu sie aus Gefühl ihrer Unfähigkeit zu solcher stets bereit sind. Neben ihr wird es immer noch andre Philosophien für die 2te, 3te, 4te Klasse geben müssen, wovon die für die untern Klassen meistens im Gewande absoluter Autorität, d.h. als Religionen, erscheinen. – In Indien, dem Vaterlande der Metaphysik, ist es auch nicht anders. Es kann nicht eine Philosophie für Alle geben, wie es eine Metaphysik, eine Physik für Alle gibt. Denn die Philosophie nimmt alle Kräfte des Geistes und den höchsten Schwung, *the utmost stretch,* derselben in Anspruch, und da tut sich denn die *diversitas captus hominum* zu sehr hervor. Es ist das Resultat der Arbeit sämtlicher Geisteskräfte, welches die Philosophie zu Tage fördert, und das fällt zu verschieden aus. Zur Mathematik, Physik u. dgl. hat auch Einer mehr Anlage als der Andre, und kommt deshalb weiter, aber wenigstens die Elemente und die ganze Art der Erkenntnis ist hier Jedem erreichbar. Nicht so in der Philosophie; hier ist für verschiedene Klassen von Menschen eine von Grund aus verschiedene Philosophie nötig, und die höchste ist natürlich für die Wenigsten. Man kann sich davon überzeugen beim bloßen Anblick der Physiognomie mancher Menschen, indem man selbiger gegenüber an die höchsten Wahrheiten denkt. Offenbar sind diese nicht für die große Mehrzahl, sondern für diese ist irgend ein recht faßliches, in guter Beziehung zur Moral stehendes Dogma, sei es in Form der Religion, sei es in der der Philosophie, das einzig rechte: wie für den Papageno der Weisheitsstempel nicht ist. Daraus folgt denn ferner, daß die echte Philosophie nicht geeignet ist, vom Katheder als für Alle gemacht gelehrt zu werden. Sondern von außerordentlichen Geistern für außerordentliche Geister gemacht, muß sie, in Schriften aufbewahrt, Jedem, der sie sucht und bedarf, zugänglich sein; den Übrigen bleibt sie ein verschloßnes Buch. Doch können die Religionen mehr oder minder ihr angepaßt sein, wie die der Hindu und Buddhisten. (19)

*

Die Philosophie ist nicht das Werk eines vernünftigen Kopfes, der mit dem aufrichtigsten Vorsatz sich hinsetzt, alle seine Hauptbegriffe vornimmt und aneinanderhält, um zu versuchen, wie und wo sie wohl am besten zusammenpassen; – sondern das Werk eines hochbegabten Intellekts, den sein Wille (sein Herr) frei läßt, nach eignem Gutdünken zu wandeln; wie man in einem verschloßnen Garten ein Kind frei läßt, weil es weder Schaden nehmen noch sich verirren kann. Nun faßt er auf, was das Objekt von Außen darbietet und die Stunde von Innen gestattet, fixiert das Geschaute zum Gedachten und legt das Resultat in Worten nieder, unbekümmert, wie Jegliches zum Übrigen paßt, wenn es nur wahr ist, worauf allein er ausgeht, weil eine Wahrheit die andre nie umstoßen kann und aus dem Verein aller die Hauptwahrheit erwachsen wird, so wie alle Töne der reichsten Harmonie zu einem Ton zusammenschmelzen, indem die Vibrationen eines jeden, in schnellern oder langsamern Schlägen, doch zuletzt rationell zusammentreffen mit denen des Grundbasses, welche, als die langsamsten, das Behältnis aller übrigen sind. (20)

*

Man wird schon ein Mal einsehn, welch ein radikaler Unterschied ist zwischen einem Philosophen, dessen letzter Zweck die Wahrheit, und einem, dessen letzter Zweck eine Professur ist. Es ist belustigend zu beobachten, wie ein solcher, mit der Miene des feierlichsten Ernstes, das gründlichste und tiefste Forschen nach Wahrheit vorgebend, seine sämtlichen Dogmen sorgfältig der Landesreligion und den Zwecken der Regierenden anpaßt und solchen gemäß modelt. Dieser mag für S^e^. Exzellenz den Herrn Minister viel Wert haben; für das Publikum hat er schlechthin gar keinen: mit jenem verhält es sich meistens umgekehrt: aber er ist so überaus und unerhört selten, wie der andere alltäglich. (21)

*

Wenn Regierungen die Philosophie zum Werkzeug ihrer Pläne machen, durch Anstellung von Professoren ihnen gefälliger Lehren u. dgl. m.; so ist dies ein Sakrilegium am Allerheiligsten der Menschheit. (22)

*

Ich sollte für ein Zeitalter schreiben, welches nicht nur nach 20 Jahren Fichten neben Kant nennt, sondern gar von einem ganz gemeinen, ganz plumpen Scharlatan, wie Hegel, der offenbar nur das, Behufs einer gigantischen Tartüffiade, der absichtlichen Verdummung des Gelehrtenstandes, dienende Werkzeug war, – sich einen Komplex von 3/4 barem Unsinn und 1/4 korrupten Einfällen für Philosophie aufbinden ließ, 20 J[ahre] lang, und zugab, wie der Hanswurst dieses Scharlatans, der bei Philosophen Repetent heißt, und seine elenden Helfershelfer den Wicht mit noch nie dagewesenen Enkomien zum Himmel hoben, während doch öffentlich die schlimmsten Pfaffen nachhalfen. (23)

*

Nichts schadet der Philosophie mehr, als die besoldeten Professoren derselben, welche glauben, von Amts wegen eigne Gedanken haben zu müssen, und nun, statt schlicht zu lehren, was Andre gedacht haben, mit ihrem Dareinreden und ihren ungewaschnen Einfällen, zumal da ihrer, gegen Einen Philosophen, etwa Tausend sind, – den Gang der Forschung ungemein hemmen, – auch, weil man sie für Philosophen hält, die Philosophie dem Volke verächtlich machen. (24)

*

Die Professoren der Philosophie sind den Fortschritten dieser entschieden hinderlich, nicht bloß weil sie in der Regel ohne Talent sind: dies gilt auch von den Andern, die als philosophische Schriftsteller auftreten: und die Entfernung der Unberufenen ist eben so unmöglich als wünschenswert. Sondern die Professoren bringen nicht, wie doch meistens die Andern, Ehrlichkeit und *bonne foi* zur Sache: da die Philosophie ihr Erwerb ist, und ihnen natürlich ihr Auskommen und Fortkommen mehr am Herzen liegt als die abstrakte Göttin Wahrheit; da ferner die Philosophie Einfluß auf die öffentliche Meinung und den Staat hat; so folgt, daß sie ihre Philosopheme und ihre Urteile über Philosophien modeln werden nach den Aussprüchen ihrer Politik, sie werden daher bei jedem Satz und jedem Urteil zuvörderst an den Herrn Minister des Kultus und seine Räte denken, dann an sonstige Vorgesetzte, dann an werte Kollegen und sonstige Gevatter, dann an Verleger, Buchhändler, Redakteure von Journalen, und erst ganz zuletzt an die eigentliche ernste Wahrheit, die folglich erst zugelassen wird, nachdem die Andern aufgeräumt haben und der Tisch leer ist. Wenn z. B. etwan ein und der andre gekrönte Tartüff das Regiment führt und in seiner Angst, daß das Volk klug werden könnte, schreit, wie Franz Moor: »Geh, laß alle Glocken zusammenläuten, alles soll in die Kirche, auf die Knie fallen, alles –« dann wird so ein schriftstellernder und hungernder Dozent flugs fromm, wie eine junge Betschwester (welches eine alte Hure ist) – in Gottes Namen! er soll aber seinen Bettelbriefen eine andre Form geben, als die philosophischer Abhandlungen: in der philosophischen Welt ist dieser Fromme ein Schuft, weil er an der heiligen Wahrheit zum Judas geworden, und verdient geprellt zu werden wie ein Fuchs. Es wäre daher für die Philosophie wünschenswert, daß ihr Unterricht auf Universitäten wegfiele, und junge Leute die Zeit, welche sie der Philosophie widmen wollen, ausfüllten mit dem Lesen echter, ursprünglicher, es ernstlich meinender Philosophen.

Denn ohnehin ist Philosophie nur für Wenige, nämlich für denkende Köpfe: diese werden den Zugang zu ihr auch ohne jene Kathederphilosophen finden, die, meistens mit äußerst normalen Fähigkeiten ausgerüstet, glauben von Amts wegen und um doch etwas für ihren Sold zu tun, in der Philosophie mitreden und eigene Gedanken auftischen zu müssen und nun die philosophische Literatur mit dem elendesten Zeuge überschwemmen, die jämmerlichsten Einfälle zu Markte bringen, Konfusion in die Sprache und Begriffe der Philosophie bringen und das Publikum von ihr abschrecken. Sie muß, wie die Poesie, eine eigentlich freie Kunst bleiben, nur ihrer selbst wegen und nur von Auserwählten, von der Natur, nicht vom Ministerio Berufenen gehandhabt werden. – Den oberen Fakultätswissenschaften sind die gewöhnlichen Köpfe einigermaßen gewachsen: solche mögen also von ihnen immerhin gelehrt werden, wegen der Vorteile der *viva vox.* Allein für die Philosophie sind gewöhnliche Köpfe durchaus unbrauchbar, und können solche, durch ihren beständigen Mißverstand, nur verderben: da ist also das tote Wort eines großen Geistes unendlich besser als die *viva vox* eines Schafs. (25)

*

Allerdings ist die Philosophie ganz und gar auf Beobachtung und Erfahrung gegründet, äußere und innere; nicht aber aus abstrakten Begriffen herausgesponnnen, wie man vor *Kant* durchgängig wollte. (26)

*

Gewerbsleuten, welche für sich nebst Weib und Kind den nötigen Unterhalt suchen, sind nicht geeignet dabei zugleich Wahrheit zu suchen, als welche zu allen Zeiten ein gefährlicher Gefährte und ein unwillkommener Gast gewesen ist, auch deshalb nackt dargestellt wird, weil sie nichts auszuteilen hat, sondern nur ihrer selbst wegen angestrebt sein will. Man kann nicht zweien Herren dienen: jene beiden Bestrebungen vereinigen zu wollen führt zur Heuchelei, Augendienerei, Achselträgerei, da wird man aus einem Priester der Wahrheit ein Verfechter des Irrtums, lehrt und behauptet mit Eifer Dinge deren Unwahrheit man längst erkannt hat: da gibt man sich her, ein Zeit- und Kopfverderber der Jugend und ein Proner einflußreicher Pfuscher und frömmelnder Strohköpfe zu sein und alles literarische Gewissen zu verleugnen. Den Philosophen am allermeisten gilt der schöne Vers:

»Du bist ein Barde, Freund, sind deine Augen helle?
Gnügt dir die Eiche und die Quelle?« (27)

*

Dadurch, daß die Philosophie der Universitäten sich für die Zwecke des Staats hat brauchen lassen und seinen Verwaltern zu Willen gewesen ist, wird sie, sobald dies ganz zu Tage gekommen, sein, wie ein Mädchen, die gehurt hat: um alle Ehre gekommen, so daß Keiner sich mehr mit ihr abgeben will. (28)

*

In diesem Jahrhundert ist der Glanz und daher die Präponderanz der Naturwissenschaften, wie auch die Allgemeinheit ihrer Verbreitung so mächtig; daß kein philosophisches System zu einer dauernden Herrschaft gelangen kann, wenn es nicht sich an die Naturwissenschaften schließt und in stetigem Zusammenhange mit ihnen steht. Sonst kann es sich nicht behaupten. (29)

*

Wie Hamlet, wenn er den Geist seines Vaters erblickt, die Augen starr allein auf diesen heftet und alle Umstehenden unbeachtet läßt, – so haben alle Die, welche eine große und wichtige Wahrheit zuerst erkannten, nur diese ihr ganzes Leben hindurch im Auge behalten, ohne auf das derweilige Treiben der Zeitgenossen zu achten oder mit dem, was diese zu ihrem Gesichte sagten, sich aufzuhalten. Denn eine solche Erkenntnis macht den Blick gewissermaßen starr. (30)

*

Wer von irgend einem philosophischen Problem, welches er genügend erklären wollte, ausginge, müßte von diesem auf ein anderes, in seiner Erklärung vorausgesetztes kommen und von diesem wieder auf ein anderes, bis er das Ganze aller philosophischen Probleme dargelegt hätte: und wäre er umgekehrt von dem letzten auf jenem Wege erreichten Problem ausgegangen; so würde er auch jenen ganzen Weg in umgekehrter Richtung zurückgelegt haben und zuletzt bei jenem vorhin als erstes Ziel angenommenen Problem an[ge]langt sein. Daher, wer irgend ein philosophisches Problem erklären soll, ohne ein System der gesamten Philosophie aufzustellen, notwendig nur ein Fragment gibt, indem er abbrechen muß, lange ehe er den größten Teil dessen, was zur Aufhellung desselben beitragen würde, hat sagen können. (31)

*

Der moderne Materialismus ist der Mist, den Boden zu düngen für die Philosophie. (32)

*

Je weniger Einer denkt, desto mehr hat er die Augen überall: das Sehn muß bei ihm die Stelle des Denkens vertreten. (33)

Die Welt ist meine Vorstellung

»Die Welt ist meine Vorstellung«, kann Jeder sagen: und Jeder muß es sagen, der sich ernstlich besinnt. –
»Die Welt ist mein Wille« ist die, wenn nicht Jedem erschreckliche, doch Jedem höchst bedenkliche und sehr ernste Wahrheit, die dem deutlich geworden sein wird, der in den Sinn dieses Buches vollkommen eingedrungen ist. (34)

*

Was jederzeit ist, und jederzeit war und jederzeit sein wird, bin ich. Und ich allein kann meinen Schleier heben. (35)

*

Man findet es paradox, wenn ich sage »alle Dinge sind nur da, sofern sie vorgestellt werden«. Aber ich finde, daß es barer Unsinn ist, zu behaupten, diese Welt in Zeit und Raum würde vorhanden sein, auch wenn sie Niemand vorstellte. Es ist ein wirklicher Widerspruch: ihr Vorhandensein bedeutet eben ihr Vorgestelltwerden: sie hat ihr Dasein eben in der Vorstellung des Objekts: das eben heißt, sie ist Objekt. (36)

*

Wir klagen über die Dunkelheit, in der wir dahin leben, daß wir den Zusammenhang des Daseins im Ganzen und besonders unsers eignen mit dem des

Ganzen nicht erkennen, daß unser Leben kurz und unsre Erkenntnis ganz auf dasselbe beschränkt ist, so daß wir weder über die Geburt zurück noch über den Tod hinaus sehn können, mithin unsre Erkenntnis nichts andres ist als gleichsam ein Blitz in der Nacht, und es aussieht als ob ein Dämon uns alles weitre Wissen heimtückisch verbaut hätte, um sich an unsrer Verlegenheit zu weiden.

Diese Klage ist ungerecht und entsteht aus der Illusion der falschen Ansicht, daß das Ganze der Dinge von einem Intellekt ausgegangen wäre, als Vorstellung dagewesen wäre, ehe es wirklich ward, also aus Vorstellungen entsprungen auch der Vorstellung ganz offen liegen und durch sie erschöpflich sein müsse.

In Wahrheit aber ist alles das, was wir nicht zu wissen uns beschweren, auch wohl an sich selbst nicht wißbar. Die Vorstellung überhaupt nämlich, in der alles Wissen liegt, ist nur die äußere Seite des Daseins, etwas Hinzugekommenes, etwas das nicht zur Erhaltung des Daseins der Dinge überhaupt, des Weltganzen nötig war, sondern bloß zur Erhaltung jedes belebten Individui: das Dasein der Dinge überhaupt tritt nur *per accidens,* und daher nur sehr beschränkter Weise, in die Erkenntnis, nur als Hintergrund des Gemäldes: Durch dieses *accidens* entsteht zwar die ganze Welt in Raum und Zeit d.h. als Vorstellung, und außer jener Erkenntnis ist diese Welt in Zeit und Raum überhaupt nicht da, aber ihr innres Wesen ist ganz unabhängig von einem solchen Dasein, welches nur in der Vorstellung existiert. – Da nun die Erkenntnis nur zum Behuf der Erhaltung des lebenden Individui da ist, so sind alle ihre Formen auch nur eingerichtet auf die Zwecke jenes individuellen Daseins, welche aber bloß die Erkenntnis von Verhältnissen zwischen Erscheinungen nötig machen, nicht das Wesen an sich der Dinge und des Weltganzen betreffen. – Dies alles dient als Erläuterung und objektive Erklärung des Kantischen Satzes, daß die Formen des Verstandes nur von immanentem, nicht von transzendentem Gebrauch sind: (hier sieht man seine objektiven Gründe und seine Folgen.) (37)

*

Keine aus objektiver Anschauung entsprungene und folgerecht durchgeführte Ansicht der Welt kann eigentlich falsch sein, sondern höchstens einseitig: so der vollkommne Materialismus, etwa der des *système de la nature,* der komplette Idealismus, etwa der des Berkeley, und dgl. mehr: sie alle sind wahr, und sind es zugleich: aber jede nur von einem bestimmten Standpunkt aus: erhebt man sich über diesen; so erkennt man das bloß Relative ihrer Wahrheit, d. h. ihre Einheitlichkeit. Der höchste Standpunkt, als von dem man alles übersieht, ist der wahrste und umgekehrt. Eben daher ist es wahr, wenn ich mich selbst betrachte als ein bloß zeitliches, entstandenes und dem Untergang bestimmtes Naturprodukt, etwa in der Art des Koheleth: – und zugleich wahr, wenn ich erkenne, daß Alles, was je war und sein wird, Ich bin und außer mir gar nicht ist. (Hieraus folgt daß das Wort Ich das größte Aequivocum ist.) Es ist wahr, wenn ich mein höchstes Glück in den Genuß der Gegenwart setze; – und zugleich wahr, wenn ich die Heilsamkeit des Unglücks und das Nichtige, ja Verächtliche alles Genusses erkenne.

Jenes alles hat seinen Grund darin, daß jede folgerecht durchführbare Ansicht, nur eine in Begriffe übertragene und dadurch fixierte, anschauliche und objektive Auffassung der Natur ist: und die Natur oder das Anschauliche lügt nie und widerspricht sich nie: sein Wesen schließt beides aus. Wo also Widerspruch und Lüge ist, da ist falsche Auffassung, z. E. im Optimismus. Aber unvollständig und einseitig kann eine objektive Auffassung sein: ihr gebührt dann eine Ergänzung, keine Widerlegung; sie führt, wie ein Seitenweg zur Hauptstraße, zur Wahrheit zurück. (38)

*

Wie kein Objekt ohne Subjekt; so auch kein Subjekt ohne Objekt. Daher kann der Kern des Menschen kein Intellekt sein: weil ein Intellekt immer schon etwas Anderes voraussetzt, welches er auffaßt, womit er beschäftigt, wovon er erfüllt ist, kurz ein Objekt, welches bereits da ist. Mithin ist ein Intellekt wesentlich ein Bedingtes, ja Sekundäres. (39)

*

O, welches Wunder ich gesehn habe! – In dieser Welt der Dinge und Körper lagen vor mir 2 solche Dinge: beide waren Körper, schwer, regelmäßig geformt, schön anzusehn. Das eine war eine Vase von Jaspis, mit goldenem Rand und Henkeln: das andre war ein Organisches, ein Tier, ein Mensch. – Nachdem ich beide genugsam von Außen bewundert, bat ich den Genius, der mich begleitet, nun auch mich in ihr Inneres eindringen zu lassen. Es geschah. In der Vase fand ich nichts vor, als den Drang der Schwere und einige dumpfe Sehnsucht, die sich als chemische Verwandtschaft aussprach. – Als ich aber in das andre Ding gedrungen war, – wie soll ich mein Erstaunen aussprechen, über Das, was ich dort gewahrte! übertrifft es doch an Unglaublichkeit alle je ersonnenen Märchen und Fabeln: doch will ich es erzählen, auf die Gefahr hin, keinen Glauben zu finden. In diesem Dinge also, oder vielmehr in dessen oberm Ende, Kopf genannt, welches von Außen gesehn, ein Ding wie alle andern, im Raum begrenzt, schwer u.s.w. ist, fand ich nichts Geringeres vor, als eben – die ganze Welt selbst, mit samt dem ganzen Raum, in welchem das Alles ist, und der ganzen Zeit, in der sich das Alles bewegt, nebst Allem endlich, was beide füllt, in seiner ganzen Buntscheckigkeit und Zahllosigkeit: ja, was das Tollste ist, mich selbst fand ich darin herumspazierend! – Und dies alles nicht etwa im Bilde, wie in einem Kuckkasten; sondern in seiner ganzen Wirklichkeit. –

Und so steckt es wirklich und wahrhaftig in diesem Dinge, das nicht größer ist, als ein Kohlkopf, und welches gelegentlich der Scharfrichter abschlägt mit einem Hieb, wo dann plötzliche Dunkelheit und Nacht jene Welt bedeckt: und sie wäre dann weg, wucherten nicht jene Dinge wie die Pilze, so daß ihrer stets genug sind, die ins Nichts versinkende Welt wieder aufzufangen, so daß sie von ihnen stets, wie ein Ball, im Schweben erhalten wird, als eine Allen gemeinsame Vorstellung, deren Gemeinsamkeit sie durch das Wort Objektivität ausdrücken. Mir ward dabei etwa so zu Mute, wie dem Ardschuna, als Krischna sich ihm in seiner wahren Gottgestalt zeigte, mit hunderttausend Armen und Augen, und Mäulern, u.s.w., u.s.w. (40)

*

Die Definition eines Begriffs suchen, heißt die Begriffe suchen von deren Sphären die seinige ein gemeinschaftlicher Teil ist: und zwar so, daß in denselben Teilen dieser Sphären nichts außer dieser liege: so z.B. wenn man die Definition des Begriffs Tier sucht; – was bleibende Genitalien hat; was hinten und vorn, rechts und links besonders bestimmt ist; – was sich auf Motive bewegt, was beim Einnehmen der Nahrung eine Bewegung hat, die mit der des Wachstums nicht zusammen fällt; was einen Magen hat. (41)

*

Den unschätzbaren Vorteil der Begriffe und folglich der Vernunft kann man ermessen, wenn man die unendliche Menge und Verschiedenheit von Dingen und Zuständen, die nacheinander und nebeneinander da sind, sich vergegenwärtigt, und nun bedenkt, daß Sprache und Schrift (die Zeichen der Begriffe) dennoch jedes Ding und jedes Verhältnis, wann und wo es auch gewesen sein mag, mit größter Leichtigkeit und vieler Genauigkeit uns bekannt machen: weil eben die verhältnismäßig wenigen Begriffe eine Unendlichkeit von Dingen und Zuständen befassen und vertreten. (42)

*

Jeder erkennt eigentlich nur das, was er anschaulich auffaßt, was er *in abstracto* weiß, sind bloße Assignaten auf den *fond* seiner anschaulichen Erkenntnis. Nun ist aber keine andre Erkenntnis mitteilbar als die abstrakte. Wie soll man nun in aller Welt, durch Belehrung und Schrift auf die Menschen wirken? – Wie ist es möglich? – Was nützt alles Reden und Schreiben? Die Antwort ist, was sie *in abstracto* und unverstanden auf Kredit aufgenommen haben, kommt ihnen zu Nutzen, wann späterhin einmal die anschauliche Erkenntnis hinzutritt. Sie haben zum voraus die rechte Auslegung und diese hält sie ab, aus eigenen Mitteln falsche zu machen – so langsam geht die Erziehung des Menschengeschlechtes. (43)

*

Das Ende und Ziel alles Wissens ist, daß der Intellekt alle Äußerungen des Willens, nicht nur in die anschauliche (denn dahin kommen sie von selbst), sondern auch in die abstrakte Erkenntnis aufgenommen hat; – also daß alles, was im Willen ist, auch im Begriff sei – und dahin streben alle echte, d. i. unbefangene Reflexionen und alle Wissenschaften. (44)

*

Begriffe mit Begriffen vergleichen, – das können sie alle so ziemlich: aber Begriffe mit Anschauungen vergleichen ist eine Gabe der Auserwählten: sie bedingt, je nach dem Grade ihrer Vollkommenheit, Witz, Urteilskraft, Scharfsinn, Genie. Bei der ersteren Fähigkeit aber kommt nie viel heraus, als etwa vernünftige Betrachtungen. (45)

*

Alles Denken, d. h. in abstrakten Begriffen vorstellen, ist eigentlich ein bloßes Erinnern und dann neu Ordnen des früher Gewußten und dadurch des Angeschauten, welches zu allen Begriffen die Unterlage ist. Ein wirkliches Erkennen, d. h. Neues und Frisches perzipieren, ist allein das Anschauen. (46)

*

Die Wahrheit ist bloß die direkte oder vermittelte Beziehung einer abstrakten Vorstellung auf eine anschauliche; welche Beziehung oft genommen wird für die der anschaulichen Vorstellung auf ein Ding an sich. Diese ist vielleicht ganz unmöglich. (47)

Gelehrte – Bücher – Stil

Wie töricht ist es sich dem Leben, den unmittelbaren Eindrücken und der urkräftigen Betrachtung, die sie erwecken, zu entziehn, um nur über den Büchern zu sitzen und bei den Buchstaben zu versteinern! – Wer es tut, gleicht Goethens empfindsamen Prinzen, der um den Unbequemlichkeiten, die der Genuß der wahren Natur mit sich bringt, zu entgehn, eine künstliche, gemalte Natur bei sich führt. Tor! die Quelle aus der die Weisen, welche du studierst, ihre Weisheit schöpfen, ist eben dies Leben, das dich umgibt. –

Wer sich zum einzigen Zweck gemacht, hat den Lauf der Sterne zu berechnen oder alle Pflanzen der Natur zu registrieren, der mag allenfalls über den Büchern und dem Apparat sein Leben zubringen. Aber wer sich das Leben, den Menschen, zum Gegenstand seines Denkens gemacht hat, der muß dem Leben nicht entfliehn, sondern alle seine Gestalten zu sehn (doch nicht sie selbst zu leben) suchen. (48)

*

Nur wer bei dem, was er schreibt, den Stoff zunächst und unmittelbar bloß aus seinem Kopf nimmt, ist wert, daß man ihn liest: aber alle Büchermacher, Kompendienschreiber u. dgl. nehmen den Stoff unmittelbar aus Büchern, aus diesen geht er in die Finger, ohne im Kopf Transitozoll, Visitation oder

Bearbeitung zu erfahren. Daher hat ihr Gewäsch oft so wenig Sinn, daß man sich vergeblich den Kopf zerbricht, zu wissen, was sie denn zuletzt denken: sie denken gar nicht. Das Buch aus dem sie kopieren, ist meistens eben so verfaßt: es ist also damit wie mit Abdrücken von Abdrücken u. s. f. Der Antinous wird zum kaum kenntlichen Umriß eines Gesichts. Daher soll man Kompilatoren nie lesen; sondern bloß aufschlagen der Zitate wegen: das übrige ist Arschwisch. (49)

*

Wer die weite Reise zur Nachwelt vorhat, darf keine unnütze Bagage mitschleppen: denn er muß leicht sein, um den langen Strom der Zeit hinabzuschwimmen. Wer für alle Zeiten schreiben will, sei kurz, bündig, auf das Wesentliche beschränkt: er sei, bis zur Kargheit, bei jeder Phrase und jedem Wort bedacht, ob es nicht auch zu entbehren sei; wie, wer den Koffer zur weiten Reise packt, bei jeder Kleinigkeit, die er hineinlegt, überlegt, ob er nicht auch sie weglassen könne.

Das hat Jeder, der für alle Zeiten schrieb, gefühlt und getan. Den breiten, Unverdautes hinwerfenden, endlosen Schwätzern, wie z. B. individuellen Eigenschaften bis auf das Geringfügigste hinab durch Worte auszudrücken oder im Bilde wiederzugeben, wenn man dies betrachtet und gar noch dabei zurücksieht auf die Wissenschaften, deren allgemeine Begriffe das Wesen der zahllosen Dinge jeder Art ein für allemal bezeichnen und bestimmen; so könnte bei dieser Betrachtung das Treiben der Kunst kleinlich, geringfügig, ja kindisch erscheinen: – aber wer das Wesen der Kunst gefaßt hat, hat erkannt, wie ihr ein Fall für Tausende gilt, wie sie eben durch vollständige Darstellung des Individuums die Idee seiner Gattung offenbart, wie ein Vorgang, eine Szene des Menschenlebens richtig und vollständig geschildert, wozu eben die genaue Darstellung der darin handelnden Individuen gehört, – die Idee der Menschheit selbst von irgend einer Seite zur deutlichen und tiefen Erkenntnis bringt. Daher sehn wir die größten Geister, *Shakespeare* und Goethe, Raphael und Rembrandt es ihrer nicht unwürdig achten, ein gewöhnliches Individuum, mit dem größten Fleiße in seiner ganzen Eigentümlichkeit, bis auf das Kleinste herab zu schildern. (50)

*

Lesen ist ein bloßes Surrogat des Denkens. Lesen soll man nur dann, wann die Quelle der eignen Gedanken stockt. Hingegen die eignen urkräftigen Gedanken in ihrem Laufe hemmen, um ein Buch zur Hand zu nehmen, ist Sünde wider den heiligen Geist. Man gleicht dann dem, der aus der freien Natur flieht, um ein Herbarium zu besehn, oder schöne Gegenden im Kupferstich zu betrachten. Wenn man auch bisweilen eine Wahrheit, eine Einsicht, die man mit vieler Mühe und langsam durch eignes Denken und Kombinieren ausgefunden hat, in einem Buche hätte mit Bequemlichkeit ganz fertig vorfinden können; so ist sie doch hundert Mal mehr wert, wenn man sie durch eignes Denken gefunden hat: denn nur dann tritt sie als integrierender Teil, als lebendiges Glied ein in das ganze System unsers Denkens, steht mit demselben in vollkommnem, festen Zusammenhang, ist mit allen ihren Gründen und Folgen gefaßt, trägt die Farbe, die Tinte, das Gepräge unsers ganzen Gedankensystems, ist eben zur rechten Zeit, als nämlich ihr Bedürfnis fühlbar war, gekommen, sitzt fest und kann nicht wieder verlöschen. – Die erlernte Wahrheit klebt uns nur an wie ein angesetztes Glied, ein falscher Zahn, eine wächserne Nase oder höchstens wie eine rhinoplastische aus fremdem Fleisch: die durch eignes Denken erworbene Wahrheit allein gleicht dem natürlichen Gliede: sie allein gehört uns wirklich an. – Darauf beruht der Unterschied zwischen dem Denker und dem bloßen Gelehrten. – Daher sieht der Geistesreichtum des Selbstdenkers aus wie ein schönes Gemälde, das lebendig hervortritt, mit richtigem Licht und Schatten, gehaltenem Ton, vollkommner Harmonie der Farben. Der Geistesreichtum des bloßen Gelehrten gleicht einer großen Palette voll bunter Farbenklexe, allenfalls systematisch geordnet, aber ohne Harmonie, Zusammenhang und Bedeutung. (51)

*

Ein Buch kann nie mehr sein als der Abdruck (das schwache Abbild) der Gedanken des Verfassers. Diese Gedanken können von Wert sein erstlich in Hinsicht des Stoffs, worüber er gedacht hat; 2. in Hinsicht der Form, was er gedacht hat. Beim Worüber ist viel Unterschied, dadurch Bücher Vorzüge bekommen: denn alles auf Erfahrung gegründete gehört hieher, also alles Historische und alles Physische jeder Art. Hier liegt also das Auszeichnende im Objekt und das Buch kann wichtig sein, wer auch immer der Verfasser sei.

Beim Was liegt dagegen das Auszeichnende im Subjekt: die Gegenstände können solche sein, welche allen Menschen zugänglich sind, aber die Form der Auffassung, das Was des Denkens liegt im Subjekt: ist in diesem Sinne das Buch vortrefflich und ohne Gleichen, so ist es der Verfasser auch.

Daher wenn ein Buch berühmt ist; so muß man sehr unterscheiden, ob wegen des Stoffs oder der Form.

Gewöhnliche Menschen können sehr wichtige Bücher liefern, in Hinsicht des Stoffs: denn wem allein ein Stoff zugänglich war, wird schreiben können, was die Andern nicht auch können, z. B. Beschreibungen ferner Länder, seltner Naturerscheinungen, Experimente, Geschichte, deren Zeuge er war, deren Quellen aufzusuchen und speziell zu studieren er Mühe und Lebenszeit verwendet hat.

Hingegen wem es auf die Form ankömmt, wo der

Stoff Jedem zugänglich ist, also nur das Maß des Denkens über den Stoff die Sache ausmacht: da kann nur der ausgezeichnete Geist lesenswert schreiben: denn die Andern werden immer nur das denken, was jeder Andre auch denken kann. Die geben den Abdruck ihres Geistes: aber davon hat jeder das Original schon selbst. Nur der Abdruck des seltenen Geistes kann hier Wert und Wichtigkeit haben. (52)

*

Die Perücke ist ein vortreffliches Symbol des reinen Gelehrten als solchen: sie ziert den Kopf mit einem überreichlichen Maß fremden Haares bei Ermangelung des eignen: wie die Gelehrsamkeit in seiner Ausstattung mit einer großen Menge fremder Gedanken besteht; die aber alle nicht ihm so wohl und natürlich stehn, noch so brauchbar in allen Fällen und zu allen Zwecken dienlich sind, noch so fest wurzeln, noch wenn verbraucht durch andre sogleich aus derselben Quelle ersetzt werden, wie die selbst eignen, auf eignem Grund und Boden entsprossenen. (53)

*

Dem, der studiert, um Einsicht zu gewinnen, sind die Bücher und die Studien Sprossen der Leiter, auf der er zum Gipfel der Erkenntnis steigt: er läßt jede Sprosse liegen, sobald sie ihn einen Schritt weiter gebracht hat. – Die meisten aber studieren um ihr Gedächtnis anzufüllen: statt die Sprossen der Leiter zum Steigen zu benutzen, nehmen sie solche ab und laden sie auf, um sie zu besitzen, sich freuend über die zunehmende Schwere der Last: sie bleiben ewig unten und tragen das, was sie hätte tragen müssen, wenn sie je hätten steigen sollen. (54)

*

Wer nachlässig schreibt, legt dadurch das Bekenntnis ab, daß er selbst seinen Gedanken keinen großen Wert zuerkennt. Denn nur wer von der Wahrheit und Wichtigkeit seiner Gedanken fest überzeugt ist, erhält hiedurch die Begeisterung, welche ihn die Ausdauer haben läßt, seine Gedanken so deutlich, schön und kräftig, als nur immer möglich ist, auszusprechen: wie man nur Heiligtümer oder unschätzbare Kunstwerke in silbernen, goldnen und mit Edelsteinen besetzten Behältnissen verwahrt. Daher haben die Alten, deren Gedanken und Worte seit Jahrtausenden leben, und die man daher Klassiker nennt, stets sorgfältig geschrieben. (55)

*

Der Stil ist die Physio[g]nomie des Geistes. Sie ist untrüglicher als die des Leibes.
Fremden Stil nachahmen heißt eine Maske tragen: wäre sie auch noch so schön, so wird sie durch das Leblose bald insipid und unerträglich. Das häßlichste lebendige Gesicht ist besser. Darum ist es ein elend Ding um den Stil der Latinisten die die Alten nachäffen. Besser ist es zu schreiben, wie *Erigena, Spinoza, Hobbes, Cartesius* u. a. Kein Selbstdenker hat sich je zu der guten Latinität bequemt.
Affektation im Stil ist Gesichterschneiderei.

Die Sprache, in der man schreibt, ist Nationalphysio[g]nomie, läßt große ursprüngliche Differenzen zu, von der Griechischen zur Karaibischen. (56)

*

Von der *Gelehrten-Republik* ist oft die Rede, aber nicht von der *Genialen-Republik*. In dieser geht es so zu: – ein Riese ruft dem andern zu, durch den öden Zwischenraum der Jahrhunderte, ohne daß die Zwergenwelt, welche darunter wegkriecht, etwas mehr vernähme, als Getön, und mehr verstände, als daß überhaupt etwas vorgeht: und wiederum, dies Gezwerge treibt da unten unaufhörlich Possen und macht großen Lärm, schleppt sich mit dem was Jene haben fallen lassen, proklamiert Heroen, die selbst Zwerge sind, u. dgl. m. wovon jene Riesengeister sich nicht stören lassen, sondern ihr hohes Geistergespräch fortsetzen. Ich meine: jedes Genie versteht, was vor Zeiten seines Gleichen sagte, ohne von den zugleich und dazwischen Lebenden verstanden zu werden, und sagt, was die Mitlebenden nicht verstehn, aber dereinst sein Gleicher schätzen wird und beantworten. – Sie figurieren derweilen sonderbar unter den Zwergen, und sehn es selbst, dürfen aber doch nicht von ihnen Notiz nehmen, damit keine Konfusion entstehe. (57)

*

Wie die zahlreichste Bibliothek, wenn ungeordnet, nicht so viel Nutzen schafft, als eine sehr mäßige, sorgfältig geordnete; eben so ist die größte Menge von Kenntnissen, die nicht gehörig durch eigenes Denken bearbeitet werden, viel weniger Wert als eine viel geringere Menge von Kenntnissen, die gehörig durchdacht werden. Denn erst durch das vielfältige Kombinieren dessen, was man weiß, durch das Vergleichen jeder Einsicht und Kenntnis mit jeder andern, eignet man sich sein eignes Wissen vollständig an und bekommt es in seine Gewalt: man kann nur durchdenken, was man weiß: aber man weiß auch nur, was man durchdacht hat. Nun aber kann man sich zwar willkürlich applizieren auf Lesen und Lernen, aber auf Denken eigentlich nicht. Das Denken kann nur angefacht und unterhalten werden durch sein eigenes Interesse, oder auch durch ein ganz unmittelbares praktisches Interesse. Dies letztere ist bloß bei unsern persönlichen Angelegenheiten vorhanden: das erstere aber nur für die von Natur denkenden Köpfe, denen das Denken so natürlich ist, wie das Atmen: diese sind sehr selten. Daher ist es mit den meisten Gelehrten so wenig. (58)

*

Fast nie kann man irgend eine nur etwas charakteristische und bedeutsame Periode aus einer Sprache in die andre so übersetzen, daß sie genau und vollkommen dieselbe Wirkung tut. Dies beweist, daß man in jeder Sprache anders denkt: woraus hervorgeht, daß das Erlernen mehrerer Sprachen auf die Bildung des Geistes den wohltätigsten Einfluß haben muß, indem es durch Vielseitigkeit und Nüancierung seine Ansichten berichtigt und Gewandtheit in sein Denken bringt. Diesen Vorteil entbehrten die Griechen; wofür sie zwar viel Zeit ersparten, mit der sie dann aber auch weniger ökonomisch umgingen. (59)

Deutsche Gelehrtenrepublik

Wer Gedanken mitzuteilen hat, wird sich alle Mühe geben, sich deutlich zu machen, und sogar sich nach der Unfähigkeit der Andern zu bequemen suchen. Wer aber keine Gedanken mitzuteilen hat und doch gern den Schein des Gegenteils hervorbringen möchte, wird oft das Mittel ergreifen, sinnlosen Wischiwaschi aufzutischen, und der Unfähigkeit der Andern die Schuld zu geben, daß kein Sinn darin gefunden wird. Sind es Deutsche, so glauben sie es. (60)

*

Der eigentliche Sinn der Hegelschen Scharlatanerie scheint mir folgender: Er nimmt aus der Schellingschen Philosophie diese 2 Sätze, um seinen Kram darauf zu bauen:

1) Gott und die Welt ist Eins.

2) Das Reale und das Ideale sind Eins.

(Ich übergehe, daß beide Sätze von teils unbestimmten, teils falschgefaßten Begriffen reden).

Nunmehro sagt er: »ist der Herrgott mit der Welt Eins; so ist er's um so mehr mit dem Menschen. Folgt, daß der Mensch die Welt geschaffen hat (denn das hat ja, wie wir wissen, der Herrgott getan): sie ist daher nichts als sein, des Herrgotts oder Menschen, wirklich gewordener Gedanke: weshalb denn eben auch das Reale und Ideale Eins sind. Unterm Idealen verstehe ich (der Hegel) aber nicht etwa die

anschauliche Welt, sondern die Begriffe (indem ich ignoriere daß sie empirischen und individuellen Ursprungs sind). *Ergo* muß zwischen den menschlichen gäng und geben Begriffen und der realen Welt die allergenaueste Übereinstimmung sein; denn sie sind ja eigentlich nur Eins und Dasselbe.[1]
Folglich ist Logik die Sache; darunter verstehe ich eine Aufzählung der gäng und geben Begriffe, wie sie so »unter des Menschen alberner Stirn« sich zu finden pflegen, ohne Trennung des Formalen vom Inhalt, ohne Leitfaden, und ohne Menschenverstand: denn ich hab' es mit den Deutschen Dummköpfen zu tun, die man, durch ein sinnloses Wischiwaschi und ein Paar Paradoxien aus dem Tollhause, sehr leicht verdutzt und dann sie führt, wohin man will. (61)

*

Apropos, ich lege hier für den Fall meines Todes das Bekenntnis ab, daß ich die deutsche Nation wegen

1 *ergo* was wirklich ist, ist vernünftig u. dgl. was wir uns eben denken, was in unsern Köpfen spukt, das muß auch *sein* in der realen Welt; und was in dieser wirklich ist, das muß auch unserm Gedankensystem gemäß und eben recht (vernünftig) sein. Die letzte Applikation wird zum Jesuitischen Kniff, alle bestehenden Einrichtungen zu sanktionieren. Als nachher er sich jedoch bewogen sah, das evangelische Christentum, explicite, mit der Dreieinigkeit und der Augsburgischen Konfession zum Resultat und Finale seiner Lehre zu machen, zog er sich jenen oben erwähnten Grundstein aus der Schellingschen Philosophie wieder unten weg und ließ sein Narrenhaus in der Luft schweben.

ihrer überschwenglichen Dummheit verachte, und mich schäme ihr anzugehören. Mich tröstet bloß was *Baco* sagt, in den *colores boni et mali,* von nördlichen und südlichen Völkern. (62)

*

Fichte hat wirklich eine große Entdeckung gemacht, die der *Niaiserie* der Deutschen, vermöge welcher, wenn Einer ihnen keck baren Unsinn vorschwatzt, sie, aus Furcht, ihr Verständnis zu kompromittieren, bodenlosen Tiefsinn darin finden, und den Inhalt loben, wodurch sich ein philosophischer Ruf trotz dem besten bei ihnen begründet, der, ein Mal etabliert, sehr lange dauert, viele Jahre, nämlich bis ein denkender Kopf einmal die Akten revidiert. Nach ihm hat Schelling die Entdeckung mit vielem Vorteil benutzt; jedoch in ihrem ganzen Umfange sie zu gebrauchen, war Hegeln vorbehalten, der sie dermaßen benutzt hat, daß nichts für die Folgenden übrig bleibt, und sie nun bald nichts mehr sein wird, als ein abgenutzter Kunstgriff. Dann wird eine Periode der größten Deutlichkeit und Behutsamkeit im Ausdruck folgen; weil der Verdacht auf hohle Nüsse und Windeier rege sein wird.
Selbst große Köpfe sollten sich hüten, Dinge zu schreiben, deren Sinn rätselhaft oder dunkel ist: weil sie dadurch zur hier geschilderten Scharlatanerie Anlaß geben. (63)

*

Das deutsche Publikum hat eine Wahlverwandtschaft zum Geistlosen: darum hat es die Herren Fries, Hegel, Krug, Herbart, Salat etc. etc. fleißig gelesen: aber mich unberührt gelassen. – (64)

*

Lerne die ganze Erbärmlichkeit der Menschen überhaupt, dann die deines Zeitalters und der deutschen Gelehrten ins Besondere, recht deutlich und im Zusammenhang begreifen; dann wirst du nicht, mit deinem Werke in der Hand, stehn und fragen: »Ist das Menschengeschlecht verrückt oder bin ich's?« (65)

*

Der deutsche Gelehrte ist zu arm, um redlich und ehrenhaft sein zu können: daher ist Drehen, Winden, Sich akkommodieren, Kriechen, Schmeicheln, Parteiung machen, Minister, Große, Kollegen, Studenten, Buchhändler, Rezensenten, kurz Alles eher als die Wahrheit und das echte Verdienst berücksichtigen, – sein Gang: er ist ein rücksichtsvoller Lump. (66)

*

In die Zeit zwischen *Kant* und mir fällt keine Philosophie, sondern bloße Universitätsscharlatanerie. Wer die Schreibereien liest, hat so viel Zeit verloren, als er darauf verwendet.

Ich habe für die Philosophie gelebt: mit den Leutchen welche derweilen von der Philosophie lebten, habe ich nichts zu tun: sie sind mir so fremd geblieben wie ich ihnen.

Meine Zeit, die mehr als irgend eine, in Deutschland, Lärm mit der Philosophie getrieben, ja sich mit derselben als ihrem ausschließlichen Verdienst gegen das Ausland brüstete, hat durch gänzliche Vernachlässigung meiner Sache bewiesen, daß sie etwas ganz Anderes als Philosophie suchte.

Auf den Beifall der Philosophieprofessoren tue ich zum voraus Verzicht; da meine Philosophie gar keine Paraphrase der Landesreligion ist und weder eine Demonstration noch eine Beschreibung des Daseins Gottes enthält, daher sie solcher nicht beistimmen dürfen, bei Strafe von den einträglichen Lehrstühlen herabzusteigen. Während das deutsche philosophische Publikum an den Windbeuteleien der Fichte und Schelling und endlich am baren Unsinn des Scharlatans *Hegel* 25 Jahre lang ernste Beschäftigung fand, habe ich allein und in der Stille wirklich Philosophie getrieben. (67)

*

Das Schicksal meiner Philosophie und das der Goetheschen Farbenlehre beweisen, was für ein schnöder und nichtswürdiger Geist in der deutschen Gelehrtenrepublik herrschend ist. (68)

Weltwesen: der Wille zum Leben

Wollen! großes Wort! Zunge in der Waage des Weltgerichts! Brücke zwischen Himmel und Hölle! Vernunft ist nicht das Licht, das aus dem Himmel glänzt, sondern nur ein Wegweiser, den wir selbst hinstellen, nach dem gewählten Ziel ihn richtend, daß er die Richtung zeige, wenn das Ziel selbst sich verbirgt. Aber richten kann man ihn nach der Hölle wie nach dem Himmel. (69)

*

Auf dem gewöhnlichen Standpunkt geht das Streben des Menschen nach Wissen nicht weiter als dahin, daß er wisse, was er will. Daß er nämlich will, ist die erste unmittelbare Erkenntnis, denn er ist ja nur die Sichtbarkeit des Willens. Nun strebt er das Objekt dieses Wollens deutlich zu erkennen, und nächstdem die Mittel dazu. Hat er dies; so weiß er, was er zu tun hat und da ist ihm wohl. Nun geht's ans Handeln und Treiben, bei welchem ihn stets das Bewußtsein, daß er dem Ziel seines Wollens sich nähert, heiter erhält: zu denken braucht er jetzt weiter nichts, als etwa die Wahl der Mittel. Dies ist der Zustand der allermeisten Menschen: dies ist die Erklärung zu ihrer Ruhe und Heiterkeit, die durch Reichtum oder Armut gar nicht merklich geändert wird: denn der Reiche wie der

Arme genießen nicht, was sie haben sondern was sie hoffen und durch ihr Treiben sicher zu fördern glauben. Sie wollen, wissen, was sie wollen, streben danach mit soviel Gelingen als sie vor Verzweiflung und soviel Mißlingen als sie vor Langerweile schützt. Sie treiben vorwärts, mit vielem Ernst (wie Kinder ihr Spiel) und wichtiger Miene, und freuen sich, daß sie so klug sind: und so verflösse ihr Leben, gäbe nicht immer das Ethische und Ästhetische eine Störung: an Jeden erläßt dann und wann die Ethik die Aufforderung zur Entsagung dessen, worin sein ganzes Wesen besteht, und die Ästhetik die Aufforderung zur Beschaulichkeit. (70)

*

Denkst du zurück an die vergangnen Jahrhunderte und stellst dir die vielen Tausende von Menschen vor, die überall lebten und wandelten, so gerätst du auf die Frage: was waren sie? was ist aus ihnen geworden? – Dann rufe die Vergangenheit deines eignen Lebens zurück und stelle dir ihre Szenen lebhaft vor Augen. Was war sie? was ist aus ihr geworden? – Eben das, was das Leben jener Tausende. – Oder meinst du, die Vergangenheit bekäme neues Dasein dadurch, daß sie durch den Tod besiegelt ist? So nichtig, und nur noch ein Traum der Phantasie, als dein vergangnes Leben, so nichtig ist jener Tausende vergangnes Leben: und so nichtig als die Vergangenheit ist die Gegenwart. Was war, was ist? Der Wille, dessen Spiegel das Leben ist, und das willensreine Subjekt des Erkennens, das jenen Willen, zu seinem Heil, in diesem Spiegel schaut. (71)

*

Indem der Wille zum Leben sich objektiviert, ist in den höhern Potenzen seine allgemeinste und wesentliche Erscheinung ein lebendiger Leib mit dem eisernen Gebot, ihn zu nähren: was diesem Gebot die Macht gibt, ist eben, daß dieser Leib der Wille zum Leben als Objekt ist. (72)

*

Wie eine *Laterna magica*, oder ein Theater Optischer Vorstellungen viele und sehr verschiedene Bilder zeigt, allein es doch eine und dieselbe Lichtflamme ist, die sie alle erleuchtet; so sind alle Erscheinungen und Begebenheiten, die je die Welt sah, doch nur das Abbild des Einen Willens zum Leben, der in ihnen allen erscheint und selbst unbewegt bleibt, bei allem ihrem Wechsel.

Eine große und eine kleine Seele unterscheiden sich dadurch, daß diese immer nur mit demjenigen Bilde der *Laterna magica* beschäftigt ist, das sie eben von ihrem Standpunkt aus sieht, und weint, wenn es ein Trauriges, jubelt, wenn es ein Lustiges ist, und auch sich nur um das Eine bekümmert. Die große Seele sieht das Ganze im Ganzen, den Wechsel als dazu gehörig, interessiert sich daher nicht besonders für das Bild, was sie eben im Auge hat (das eigne Individuum), sondern denkt, daß alle sie auf gleiche Weise angehen, findet daher am Ganzen kein besonderes Behagen. (73)

*

Eben weil unser innerstes und eigentliches Wesen bloß Wille ist, können wir ein lebhaftes Gefühl unsers Daseins nur durch Bewegung des Willens spüren, welches aber fast immer mit Schmerz begleitet ist: daher ist denn auch das Dasein wesentlich schmerzlich. Dieserhalb erwählen manche Personen, für deren Bedürfnisse vollkommen gesorgt ist, eine höchst regelmäßige, monotone und bestimmte Tagesordnung zu ihrer Lebensweise (z. B. der Sächsische Hof): sie vermeiden dadurch allen Schmerz, den die Bewegung des Willens herbeiführt: aber dagegen wird ihre ganze Existenz zu einer Reihe unbedeutender Szenen, nichtssagender Bilder: sie merken kaum, daß sie dasind: indessen ist es doch die beste Art, sich mit dem Leben abzufinden (*degere vitam*); wenn nur so viel Abwechslung da ist, daß die Langeweile nicht sehr fühlbar wird. Viel besser ist jedoch der daran, dem die Musen würdige Beschäftigung geben; so daß die Bilder, welche sein Bewußtsein füllen, bedeutsame sind, und doch nicht mittelst Beziehung auf seinen Willen bedeutsam. (74)

*

Die Welt selbst ist das Weltgericht. (75)

*

Was alles Lebende beschäftigt und in Bewegung erhält, ist das Streben nach Dasein. Mit dem Dasein aber, wenn es ihnen gesichert ist, wissen sie nichts anzufangen. Daher ist das 2te, was sie in Bewegung setzt, das Streben, die Last des Daseins los zu werden, unfühlbar zu machen, kurz, der Langenweile zu entgehn. (76)

*

Das Leben des Individuums ist ein fortgesetztes Zappeln nach den stets erneuerten Bestrebungen des Willens, notwendig und halb bewußtlos. (77)

*

Den, welcher den Tod erleiden soll, betrachten wir mit grenzenlosem Mitleid: und doch wissen wir, daß ihm weiter nichts widerfährt als das Ende eines Zustandes, der wahrhaftig nicht wünschenswert ist. Ist dies nicht ein Beweis, daß unser innerstes Wesen blinder Wille zum Leben ist? (78)

*

Der Wille ist frei, aber die Tat ist es nicht. Denn der Wille ist das ganz Ursprüngliche, das Ding an sich, und als solches ist er auch nicht in der Zeit. Aber die Tat liegt in der Zeit und ist Erscheinung: als solche hängt sie zusammen mit andern Erscheinungen, durch die sie bestimmt ist: solche sind die vorliegenden Motive, die frühern Taten des Individuums, welche seinen Charakter, d. h. die Art seiner Reaktion auf gegebene Motive, anzeigen: so ist die Tat als Erscheinung in der Zeit bestimmt.

Dennoch entspringt sie unmittelbar aus dem Willen: nicht etwa sind die frühern Taten unmittelbare Äußerungen des Willens: sondern die ganze Reihe gehört ihm auf gleiche Weise an, jede liegt ihm gleich nahe: denn er ist außer Zeit. Daher ist jede Tat begleitet vom Gefühl ihrer Ursprünglichkeit, welches die Täuschung hervorbringt, als wäre sie frei, d. h. ein absoluter Anfang.

Wenn der Wille sich in einer einzigen Tat manifestierte, so wäre diese eine freie. Allein er manifestiert sich in einem Lebenslauf, d.i. in einer Reihe von Taten: jede einzelne von diesen ist daher als Teil eines Ganzen determiniert, und kann nicht anders als so ausfallen. Hingegen die ganze Reihe ist frei, ist eben Manifestation des individualisierten Willens. (79)

*

Betrachtet man die alles übersteigende Anhänglichkeit an das Leben, wie sie sich zeigt durch die unglaubliche Angst in Todesnöten, durch die so schnelle und ernste Teilnahme, welche Todesgefahr bei Jedem erregt, durch den grenzenlosen Jubel bei Errettung aus solcher Gefahr, durch das starre Entsetzen, welches ein Todesurteil herbeiführt und durch das mit Grausen vermischte tief erschütternde Mitleid, mit welchem wir die Anstalten zu dessen Vollziehung ansehen; – betrachtet man dieses alles und überlegt zugleich, wovon denn eigentlich bei dem allen die Rede sei, nämlich von einigen Jahren mehr einer so traurigen, leeren, mit Plagen aller Art durchflochtenen und stets ungewissen Existenz: – dann wird man auch von dieser Seite die Bestätigung erhalten, daß ich ganz recht gehabt habe, als das schlechthin Unerklärliche, selbst aber jeder Erklärung zum Grunde zu Legende den Willen zum Leben zu setzen. (80)

*

Die Macht, die uns ins Dasein rief, muß eine blinde sein. Denn eine sehende, wenn eine äußerliche, hätte ein boshafter Dämon sein müssen: und eine innerliche, also wir selbst, hätten sehend nie uns in eine so peinliche Lage begeben. Aber reiner erkenntnisloser Wille zum Leben, blinder Drang, der sich so objektiviert, ist der Kern des Lebens. (81)

*

Ich habe das Ding an sich, das innre Wesen der Welt, benannt nach dem aus ihr, was uns am genausten bekannt ist: Wille. Freilich ist dies ein subjektiv, nämlich aus Rücksicht auf das Subjekt des Erkennens gewählter Ausdruck: aber diese Rücksicht ist, da wir Erkenntnis mitteilen, wesentlich. Also ist es unendlich besser, als hätt' ich es genannt etwa *Brahm,* oder *Brahma,* oder Weltseele oder was sonst. (82)

*

Der Willensakt und die Leibesaktion sind nicht Ursach und Wirkung: denn zwischen ihnen ist keine Zeit: sondern sie sind Eines und Dasselbe: auf doppelte Weise wahrgenommen: einmal in der innern Erkenntnis (innerer Sinn) als Willensakt, und 2tens zu gleicher Zeit in der äußern Anschauung als Aktion des Leibes. (83)

Wille und Intellekt

Weil das Wesen an sich des Menschen, wie jeder Erscheinung, der Wille ist, hingegen der Intellekt nur etwas Hinzugekommenes, gleichsam von Außen Angeflogenes und zur Erscheinung Gehöriges ist; so wird hiedurch sehr begreiflich, wie zwar das Wesen an sich des Menschen ganz unberührt bleibt vom Tode, der nur mittelst der Zeit möglich ist und daher gänzlich zur Erscheinung gehört, dabei aber dennoch das Bewußtsein durch den Tod erlischt, eben weil das Bewußtsein in der Vorstellung überhaupt besteht, wie also keine Erinnerung über das individuelle Leben hinaus möglich ist.
Überhaupt entsteht das Individuum durch das Hinzukommen eines bestimmten Grades von Erkenntnis zum Willen, dem Wesen an sich, dem Radikalen, wie durch das Auffallen der Lichtstrahlen auf ein Objekt die sichtbare Erscheinung entsteht. Dies hängt damit zusammen, daß jeder Mensch sein Moralisches vom Vater erbt, sein Intellektuelles von der Mutter. Dies wieder damit, daß bei der Zeugung der Vater die Basis, das Radikale des neuen Lebens gibt, die Mutter bloß das Gefäß, die Form. Das individuelle Bewußtsein kann nicht fortdauern, wenn es bloß im Zusammentreffen zweier Heterogenen besteht. (84)

*

Eine Kubiklinie Wille wiegt mehr als 1 Kubikfuß Erkenntnis. (Denn eben das Radikale ist der Wille; die Erkenntnis ist der Schaum!) Die Erkenntnis ist gar nicht von dieser Welt. Bestich den Willen; dann ist die Erkenntnis überzeugt und alles gewonnen. (85)

*

Wie treffend und bezeichnend sind doch die alltäglichen Ausdrücke Kopf und Herz! (Hegel tadelt sie in der Enzyklopädie.) Sie finden sich in allen Sprachen. Auch die Römer brauchten sie im bekannten metaphorischen Sinn. *Nec cor nec caput habet,* sagt vom Kaiser Claudius Seneka (*Ludus de morte Claudii Caesaris cap:* 8). Herz bedeutet allemal den Willen und alles was ihm angehört, Wunsch, Leidenschaft, Freude, Schmerz, Güte, Bosheit, und Homers φιλον ἦτορ: Es geht ihm vom Herzen; – Das Herz bricht, – Das Herz hüpft vor Freude: über das Herz bringen – ein Stich ins Herz; herzzerreißend, herzzermalmend, herzbrechend, herzrührend, herzerhebend, herzlich, herzensgut, herzlos, hartherzig, herzhaft, feigherzig; mit Recht ist das Herz, vielmehr *primum mobile* des tierischen Lebens gewählt um den Willen zu bezeichnen, der das Radikale, Wesentliche, Ursprüngliche des Menschen ist: Hingegen Kopf bezeichnet die Vorstellung, die Erkenntnis, und alles, was zu ihr gehört: ein Mann von Kopf, feiner Kopf, kluger Kopf, den Kopf verlieren, oben behalten u. s. w. Kopf ist nicht das zweite, das abgeleitete; nicht das Zentrum, sondern die höchste Effloreszenz des Leibes. Kopf und Herz sind der ganze Mensch, wie Wille und Vorstellung: hat man Kopf und Herz gelobt; so ist für keinen Tadel weiter Raum. Wenn ein Held stirbt, balsamiert man sein Herz ein, nicht sein Gehirn. Hingegen wurde Raphaels Schädel in Rom auf der *Accademia di S. Luca* aufbewahrt (ist unecht befunden), und *Cartesius'* Schädel wurde kürzlich in Stockholm verauktioniert. (86)

*

Der Intellekt ist seiner Natur nach zum Dienst des Willens da und daher, dem Grade und Maße nach, diesem angemessen. Das Genie besteht in einem abnormen Übermaß des Intellekts, und seiner Benutzung in der Anwendung auf das Allgemeine des Daseins, zum Besten des ganzen Menschengeschlechts, statt auf den Dienst eines individuellen Willens: muß es jedoch diesem Dienst frönen; so nimmt er zwar nicht seine Intensität, wohl aber seine Zeit, seine Extension, in Anspruch: das Genie kommt also nicht zur Ausbildung, geht verloren. Daher erfordert die volle Nutzung dieser seltnen Geistesbeschaffenheit, daß für den Willen des Individui und dessen notwendige Zwecke anderweitig gesorgt sei; als wodurch der Intellekt wie subjektiv so auch objektiv frei werde. Hat dies nur halb statt, so wird auch das Genie nur halb benutzt: wie bei Goethe, der seine schönsten Jahre in Weimar verschranzte. Diese objektive Freiheit des Genies hängt ab von angeborenem Vermögen oder einem Mäzen, und von Mäßigkeit der Wünsche: je mehr vom Einen da ist, desto weniger bedarf es vom Andern. (87)

*

Was die Leute sich gewöhnlich unter Freiheit denken, das *liberum arbitrium indifferentiae*, wäre, auf seinen deutlichsten Ausdruck gebracht, dieses: jeder Mensch ist zu dem, was er ist, erst geworden in Folge der Erkenntnis: diese also ist das Erste, und der Wille, der Entschluß, der dadurch bestimmte Charakter, das 2te: er kommt als moralische Null auf die Welt, erkennt sich und die Welt, und beschließt nun der und der zu sein, so und so zu handeln; kann auch, in Folge neuer Erkenntnis, eine neue Handlungsweise ergreifen. Damit hängt zusammen, daß (seit dem *Cartesius*, ja seit den Scholastikern) das Wesen der Seele hauptsächlich im Erkennen besteht, ja sogar nur im abstrakten Denken, als welches nicht der Bilder und dadurch der Körperwelt bedürfe, wie das anschauliche Erkennen, das der *anima sensitiva* und damit dem Leibe angehört, nicht der Seele.
Der Wille wurde sogar als ein Denkakt betrachtet und mit dem Urteil identifiziert: so bei *Cartesius* und *Spinoza*.
Bei mir ist es nun grade umgekehrt. Der Wille ist das erste und ursprüngliche: die Erkenntnis bloß hinzugekommen und zur Erscheinung des Willens gehörig. Jeder Mensch ist, was er ist, durch seinen Willen, hat

seinen Willen und Charakter ursprünglich, das Wollen eben ist die Basis seines Wesens: die Erkenntnis kommt hinzu und dient bloß, ihm zu zeigen, was er sei. Er erkennt sich also in Folge und Gemäßheit seines Willens; da er hingegen, nach jenen Andern, will in Folge und Gemäßheit seines Erkennens. Da dürfte er denn nur überlegen, wie er am liebsten sein möchte, und er wäre es. Das ist ihre Freiheit: sie besteht darin, daß der Mensch sein eignes Werk ist, am Licht der Erkenntnis. Ich hingegen sage: er ist sein eignes Werk vor aller Erkenntnis und die Erkenntnis kommt bloß hinzu, es zu beleuchten: darum kann er nicht beschließen, ein solcher oder solcher zu sein, kann nicht ein andrer werden: sondern ist ein für allemal und erkennt successive was er ist. Bei ihnen will er, was er erkennt, bei mir erkennt er, was er will. (88)

*

Der Wille ist das Allgemeine, allen Gemeinsame: das individuelle Dasein als solches liegt ganz im Gebiet der Vorstellung oder des Bewußtseins: das Bewußtsein ist der Grund, auf den es gemalt ist. Demnach wären die Grade der Deutlichkeit des Bewußtseins, also der Besonnenheit, die Grade [der Realität] des Daseins. Nun aber sind diese Grade der Besonnenheit, des deutlichen Bewußtseins höchst vielfach abgestuft, auf Anlaß der natürlichen Geisteskraft, der Bildung und der Muße. Die Vergleiche der eigentlichen Geisteskraft lassen sich nicht leicht machen, wenn man nicht Einzelne, sondern das Allgemeine betrachtet, weil sie nicht von Weitem übersehbar und nicht äußerlich so leicht kenntlich sind als die der Bildung und Muße. Aber auch nur nach diesen gehend muß man eingestehn, daß ein Mensch wenigstens einen zehnfachen Grad des Daseins eines andern hat, zehnmal so sehr daist. Ohne von Wilden zu reden, deren Leben oft nur eine Stufe über dem der Affen auf den Bäumen steht, betrachte man bloß einen Lastträger zu Neapel oder zu Venedig, und zwar seinen Lebenslauf vom Anbeginn bis zum Ende: getrieben von der Not, getragen durch die eigne Kraft, dem Bedürfnis des Tages ja des Augenblicks, abwehrend durch die Arbeit, viel Anstrengung, steter Tumult, manche Not, keine Sorge auf Morgen, erquickliche Ruhe nach der Erschöpfung, viel Zank mit Andern, keinen Augenblick Zeit zum Bedenken, sinnliches Behagen im milden Klima und bei erträglicher Speise, als metaphysisches Element etwas krasser Aberglaube aus der Kirche, im Ganzen ein völlig unbewußtes Treiben und Getriebensein. Dieser undeutliche Traum ist das Leben vieler Millionen nacheinander. Sie erkennen durchaus nur zum Behuf ihres gegenwärtigen Wollens: sie besinnen sich nie über den Zusammenhang in ihrem Dasein, geschweige über das Dasein selbst: sie sind gleichsam da, ohne es gewahr zu werden. Das Dasein des bewußtlos dahin lebenden Volkes steht dem des Tieres, welches ganz auf die Gegenwart beschränkt ist, schon viel näher als unseres und ist eben darum auch weniger qualvoll.

Dann sehe man den vernünftigen, besonnenen Kaufmann, der sein Leben spekulierend zubringt, sehr überlegte Pläne besonnen ausführt, sein Haus gründet, Weib und Kind versorgt, am gemeinen Wesen Teil nimmt. Der ist mit sehr viel mehr Bewußtsein da, als jener: d.h. sein Dasein hat einen höhern Grad von Realität.

Dann den Gelehrten, der etwa die Geschichte der Vergangenheit erforscht: er wird sich schon des Daseins im Ganzen bewußt, über die Zeit seiner Existenz hinaus, über seine Person hinaus: er überdenkt den Weltlauf.

Nun endlich den Poeten, den Philosophen, bei dem die Besonnenheit den Grad erreicht hat, daß er, nicht gereizt irgend ein Besonderes im Dasein zu erforschen, vor dem Dasein überhaupt, vor dieser großen Sphinx, verwundert stille steht und es zu seinem Problem macht. Sein Bewußtsein hat den Grad der Deutlichkeit erlangt, daß die Vorstellung außer Beziehung auf den Dienst seines Willens getreten ist und ihn eine Welt sehen läßt, welche ihn viel mehr zur Untersuchung und Betrachtung, als zur Teilnahme auffordert. Sind die Grade des Bewußtseins die Grade der Realität; so werden wir diesen als allerrealste Wesen nennen müssen. (89)

*

Ich habe gesagt: »wir erkennen unsern eignen Willen allein als Erscheinung, nicht an sich« –
Ich habe ferner gesagt: »Der Wille ist das Ding an sich.«
Dies widerspricht sich nicht. Alles, was erkannt wird, wird nur als Erscheinung erkannt: Denn das Objektsein, das Erkanntwerden, gehört schon mit zur Form der Erscheinung. Daher, daß etwas als Ding an sich erkannt werde, ist ein Widerspruch. Das Ding an sich ist nie das Erkannte; dies ist immer schon Erscheinung. Ich sage: »Der Wille ist das Ding an sich: aber die Erkenntnis des Willens ist schon Erscheinung.« Eben weil sie Erkenntnis ist. Aber die *cognitio intima* die Jeder von seinem eignen Willen hat, ist der Punkt, wo das Ding an sich am deutlichsten in die Erscheinung tritt, und muß daher der Ausleger jeder andern Erscheinung sein. (90)

*

Da im Menschen der Wille das Ursprüngliche und Erste, die Vorstellung das Sekundäre ist, so kann wohl nicht lange gezweifelt werden, welchen Freund er vorziehn wird, den geistreichen, dessen Vorzüge sich auf seine Vorstellungen beziehn, oder den nachgiebigen, rechtgebenden, gefälligen, dessen Vorzüge sich auf seinen Willen beziehn; und *vice versa* wodurch man Freunde gewinnt. (91)

*

Wie die Pflanze 2 Pole hat, Wurzel und Krone, davon jene ins Finstre, Feuchte, Kalte, diese ins Helle,

Trockne, Warme strebt, und einen Indifferenzpunkt beider Pole, den Wurzelstock, da wo sie zusammenstoßen hart am Boden, die Wurzel aber doch eigentlich die Hauptsache ist, das Wesentliche, Ursprüngliche, Perennierende, primärer nicht sekundärer Natur, deren Zerstörung die der Krone nach sich zieht; die Krone hingegen das Sekundäre, Entsprossene, Vergehende ohne daß die Wurzel stirbt: so zerfällt das Wesen des Menschen in Wille und Vorstellung, jener ist die Wurzel, diese die Krone und der Indifferenzpunkt, der beide zu Einem macht und beidem angehört, das Ich. Durch diesen Indifferenzpunkt Ich sind beide verbunden und die Vorgänge des einen teilen sich dem andern mit: die Vorstellungen als Motive bewegen den Willen, und auch seine Bewegung teilt sich der Erkenntnis mit und trübt sie, läßt sie sehn bald was er wünscht, bald was er fürchtet, und hindert sie an reiner Wahrnehmung des Objektiven. Der Erkenntnis an sich und dem Ich, sofern es ihr Einheitspunkt ist, alle ihre Vorstellungen einem Bewußtsein angehörig macht, diesem Ich der bloßen Erkenntnis ist alles Interesse fremd, alles ist ihm gleichgültig, eben weil nur in Beziehung auf den Willen ein Anteil, ein Vorziehn und Verwerfen, Wünschen und Fürchten möglich ist. Das Ich der Erkenntnis, das reine Subjekt, apprehendiert eines wie das andre ohne weitere Teilnahme, ist bloßer Zuschauer, *spectator qui tamascha (spectaculum) videt.*

Ganz abgesehn davon, daß alle Qual aus dem Bewußtsein des Wollens entspringt und das reine Erkennen frei davon bleibt, wie bei der ästhetischen Auffassung; so ist dem Dienste des Willens selbst es zuträglich, daß das Ich der Erkenntnis seine Auffassung rein vollziehe: er muß daher seine eigne Einmischung unterdrücken, bis das erkennende Ich seine Auffassung ganz vollendet hat, es ruhig auch das ihm Widrigste ganz ungestört durchgehn und auffassen lassen, und nicht bald durch vorschnelles Betrüben die Dinge für schlimmer halten als sie sind und sich ergeben werden am Ende; bald, um sein törichtes Hoffen zu behalten, die Erkenntnis gewaltsam zurückhalten von der Auffassung trauriger Wahrheiten. Das Ich muß, seines eignen Vorteils halber, sich möglichst auf seiner erkennenden Seite halten, die reine Auffassung vorwalten lassen. Dadurch erspart es sich die Qual der Unruhe und erhält zuletzt die Erkenntnis der Objekte und ihrer Beziehungen auf sein Wollen rein und lauter, danach es seine Entscheidungen richtiger beschließen kann und das Bittre ein für alle Mal übersteht, wann es wirklich da ist, nicht teilweise und nicht durch bloß vermeinte Übel.

Das Ich (welches in der neuesten teutschen Philosophie so oft auftritt und doch nie analysiert wird, sondern für unteilbar gilt) ist also jener oben bezeichnete Indifferenzpunkt. Es gehört nicht dem Willen an sich an, also nicht dem Ding an sich; sondern nur dem Willen, sofern er in erkennenden Individuen erscheint. Da die ganze Welt der Vorstellung, die objektive Welt, bloße Erscheinung, Phänomen ist; so ist auch das Ich bloßes Phänomen, ist daher endlich, und wird durch den Tod zerstört. Es ist der Vereinigungspunkt des Wesens an sich mit der Erscheinung: als unteilbarer Punkt gehört es der Erkenntnis und dem Willen auf gleiche Weise an, und so erklärt sich das Wunder κατ' εξοχην, daß das Wollende und Erkennende Ich Eins sind. Selbiges Wunder ist eben dieses, daß der Wille, das Ding an sich, Vorstellung wird, es ist die Objektivation des Willens. Die Vorstellung erfordert ein Subjekt des Erkennens, als Anfangspunkt und Anknüpfungspunkt aller Erscheinung. Dieses kann nur im Ding an sich wurzeln (denn die Erscheinung ist noch nicht da) also im Willen. Da also, wo dem Willen die Erkenntnis sich zugesellt, entsteht so ein Punkt, der beiden gemeinsam ist, ein Ich. Selbiges ist nur zum Behuf des Phänomens da, also selbst Phänomen. Mit dem Phänomen hört es auf, der Wille aber bleibt, denn als Ding an sich bedarf er keines Ichs: es entsteht bloß, wo die Erscheinung eintritt. Das Ich ist als Bedingung der Vorstellung wesentlich erkennend: wesentlich wollend ist es, weil es als Erscheinung doch aus dem Ding an sich hervorgehn und auf ihm ruhen muß, dieses aber ganz allein der Wille ist: Also ist jedes Ich wesentlich wollend und erkennend. Der Wille als Ding an sich kann ohne Erkenntnis, also ohne Ich sein: die Erkenntnis kann nie ohne Ich sein, weil sie als bloßes Phänomen, einen

Punkt haben muß, der auf dem Ding an sich, dem Willen wurzelt: dieser Punkt aber ist ein Ich. Man hat in unsern Tagen von einem Logischen Ich geredet: was das heißt, weiß ich nicht: Die Logik hat es mit den Begriffen und deren Verbindungen zu tun, ist also eine rein objektive Wissenschaft, in der kein Ich vorkommt. Vielleicht meinte man das Erkennende Ich, das Ich bloß von seiner erkennenden Seite betrachtet. Bild: ein Regal mit der Spitze auf einem Spiegel stehend: dieses reale Regal ist das Ding an sich, der Wille, sein Bild im Wasser die Welt der Vorstellung, der Punkt, den die Spitzen des wirklichen und des abgespiegelten Regals gemein haben, ist das Ich. (92)

*

Weltseele ist der Wille, Weltgeist das reine Subjekt des Erkennens. (93)

*

Je nachdem die Energie des Geistes angespannt oder erschlafft ist, (in unzähligen Abstufungen) erscheint ihm das Leben so kurz, so klein, so flüchtig, daß nichts darin Vorkommendes wert ist, ihn zu bewegen, sondern alles unerheblich ist; der Genuß, der Reichtum, sogar der Ruhm: – oder auch es erscheint ihm so lang, so wichtig, so alles in allem, so inhaltsschwer und so schwierig, daß er sich mit ganzer Seele darauf wirft, dessen Güter sich zu sichern und seine Pläne durchzuführen. Die erste Stimmung beruht eigentlich darauf, daß das Erkennen ganz überwiegend ist, demnach über den bloßen Dienst des Willens hinausgeht, das Phänomen des Lebens im Ganzen auffaßt und dann deutlich dessen Nichtigkeit und Futilität erkennt. In der 2ten Stimmung herrscht *das Wollen* vor, und das Erkennen ist bloß da, die Objekte des Wollens und die Wege dazu sichtbar zu machen. Je öfter und anhaltender die zweite Stimmung da ist, desto kleiner ist der Mensch: bei den meisten scheint sie ungestört zu walten. Das Vorwalten der ersten Ansicht macht den Menschen groß: alles Große kann nur in ihr geschehn. (94)

*

Durchweg muß der Wille als Ding an sich die Erscheinung *tragen*. Auch die *Erkenntnis* und ihre Kraft gehört zur Erscheinung. Dumme und beschränkte Menschen sind nur deswegen so verächtlich, weil in ihnen der Wille sich die Last so leicht machte und nur 2 Quentchen *Erkenntnis* lud. Der Wille ist immer ganz und unverkürzt da, auch im Tier. Aber wie dumpf ist in diesem, selbst im klügsten, die *Erkenntnis*! Die kleinste Schwierigkeit in der Gegenwart absorbiert den ganzen *Intellekt*. (95)

*

Die in der Stufenleiter der Tiere immer höher steigende *Vollkommenheit des sekundären* Teils des Bewußtseins oder die Erkenntniskräfte, welche stets gleichen Schritt hält mit der zunehmenden Mannigfaltigkeit ihrer Bedürfnisse, der vielseitigen Beziehungen zu den Objekten, in die ihre Lebensweise sie setzt, und der größern Komplikation ihrer Organisation, macht den letzten und bei weitem größten Schritt, indem sie zum Menschen gelangt. Dieser Schritt ist beinahe ein Sprung. Denn nicht nur, daß die Vollkommenheiten der Vorstellungskraft, die in der Reihe der Tiere nach und nach eintraten und in der deutlichen, vielseitigen, reinen Auffassung der anschaulichen Objekte bestanden, hier den höchsten Grad erreichen; so tun sich noch 2 wesentliche Vollkommenheiten der Vorstellungskraft hervor, die das Tier gar nicht hatte, auch das vollkommenste nicht.

Erstlich nämlich tritt neben der *anschaulichen* Vorstellung ein Reflex derselben ein, die Vorstellung der Vorstellung, die nicht anschauliche, sondern bloß gedachte, abstrakte Vorstellung, die allgemeine, nicht einzelne Vorstellung, *der Begriff*: ihre Gegenwart im Bewußtsein ist das *Denken*: die Fähigkeit zu diesem ist die *Vernunft*: und von dieser kommt die *Besonnenheit*, vermöge welcher der Mensch so unzähliges leistet, woran beim Tier nicht zu denken ist, und wodurch sein Leben sehr verschieden von dem aller Tiere ausfällt.

Zweitens hat die große Steigerung des Intellekts, oder des sekundären Teils des Bewußtseins, zur Folge, daß dieser jetzt einen sehr großen Teil des ganzen Bewußtseins einnimmt. Während beim Tier das unmittelbare Innewerden des Begehrens, des befriedigten oder unbefriedigten Verlangens, bei weitem das

Hauptsächliche seines Bewußtseins ist und zwar desto mehr je niedriger es steht, bei den niedrigsten nur eine schwache Beimischung von dumpfer Vorstellung sie von der Pflanze unterscheidet (die auch diese Beimischung nicht hat), aber auch bei allen der begehrende Teil des Bewußtseins stark überwiegt über den erkennenden; so tritt bei dem Menschen das Gegenteil ein: so heftig und ungleich heftiger als bei irgend einem Tiere, seine Begehrungen, im höchsten Grade Leidenschaften genannt, sind, so sind dennoch die Bilder und Begriffe oder Gedanken dasjenige, welches allezeit hauptsächlich sein Bewußtsein füllt. Daher es auch kommt, daß alle bisherigen Philosophen, wenn sie den geistigen Teil des Menschen erklären, oder von der sogenannten Seele reden, allezeit als das erste und hauptsächliche setzen, daß sie erkennend sei, wodurch sie das sekundäre zum primären, gleichsam das Akzidenz zur Substanz machen, und dadurch von vorneherein auf einen Irrweg geraten, aus welchem nachher kein Herauslenken mehr ist, und der stets zu falschen Resultaten führt.

Dieses Übergewicht des erkennenden Bewußtseins über das begehrende, des sekundären Teils über den primären, macht es aber möglich, daß bei einzelnen in dieser Hinsicht vorzüglich begabten Menschen, die Tätigkeit der vorstellenden Kraft, in einzelnen begünstigten Momenten sich gänzlich ablöst von dem ursprünglichen und wesentlichen Teil des Bewußtseins, dem Willen oder Begehren, für sich selbst, ohne alle Beziehung auf den Willen und seine Zwecke, in Tätigkeit gerät und gleichsam müßig und spielend ihr Geschäft des Apprehendierens der anschaulichen Welt treibt, wodurch beide Teile des Bewußtseins, der Wille und das Erkennen, rein auseinander treten und eben dadurch die anschaulichen Vorstellungen die vollkommenste Reinheit und Deutlichkeit erlangen, die Dinge der Welt sich rein objektiv darstellen, eben durch ihre Absonderung vom Willen, der das subjektive ist, und nun der Intellekt die Gestalten der Natur ihrem ganzen Wesen nach auffaßt und rein abspiegelt. Dies ist die Erkenntnis der Platonischen Ideen der Dinge, und aus ihr geht die Kunst hervor: sie ist das Eigentümliche des Genies.

Und so ist denn das Wesentliche jedes Bewußtseins Verlangen, Begehren, Sucht, mit einem Wort Wille. Dagegen ist die Vorstellung nur sekundär und eigentlich akzidentell. Denn wir finden jenes ohne diese, in den Pflanzen und sogar in den Erscheinungen der unorganischen Natur. Nun aber ist die objektive Welt, als solche zunächst und unmittelbar nur in der Vorstellung vorhanden: offenbar ist sie nach Aufhebung jedes erkennenden Bewußtseins als solche nicht mehr da: d. h. nicht mehr als objektive in Raum und Zeit ausgebreitete Welt. Aber zu Nichts ist sie damit doch nicht geworden: denn mit Aufhebung der Vorstellung ist doch das Streben, Verlangen, Begehren, welches der wesentliche Teil jedes Vorhandenen ist, keineswegs aufgehoben: denn es ist unabhängig von der Vorstellung und kann ohne sie sein. – Darum sage ich daß die ganze Welt der Vorstellung nur Erscheinung ist, ihr Wesen an sich aber Wille. (96)

*

Für die objektive Betrachtung ist das Gehirn die Effloreszenz der Organisation. Der Organismus, ursprünglich bloße Objektivität des Willens, an der keine Veränderung möglich ist, die nicht zugleich Affektion des Willens wäre, steigert sich im Nervensystem so sehr, daß zuerst in den edleren Sinneswerkzeugen Veränderungen vorgehn können, die den Willen ganz unberührt lassen und demnach als reine Wahrnehmungen auftreten. Im Gehirn aber kommt es mit dieser Steigerung dahin, daß, als Reaktion auf diese Sinneseindrücke, eine Aktivität entsteht, die nicht unmittelbar Aktivität des Willens ist, sondern die Spontaneität des Verstandes, der aus wahrgenommenen Sinneseindrücken die Anschauung hervorbringt.

Ja beim Menschen geht es endlich noch weiter: aus Anschauung bilden sich abstrakte Begriffe, – Gedanken. Diese sind von unmittelbaren Willensäußerungen, und auch von Empfindungen des Leibes, die immer zugleich und wesentlich Affektionen des Wollens sind (Schmerz, Wollust) am entferntesten. So ist Vorstellung und Gedanke die Effloreszenz des Willens. Denn sie gehn hervor aus der gesteigerten Organisation des Leibes, welcher an sich durch und durch Wille ist, nur eingetreten in die Vorstellung. So setzt freilich der Leib die Welt der Vorstellung voraus; denn er ist in ihr: aber die Vorstellung setzt wieder eben so sehr den Leib voraus: denn sie ist seine höchste Funktion. Das Ursprüngliche allein wahrhaft Seiende bleibt der Wille. Die Philosophen bisher griffen das Ding vom unrechten Ende an: sie nahmen als erstes und wesentliches eine Seele an, deren eigentümliche und natürliche Funktion das Denken wäre und zwar das ganz abstrakte, mit Begriffen, die möglichst weit von der Anschauung lagen. Diese Seele sei unbegreiflicher Weise in den Leib geraten und werde in ihrem reinen Denken perturbiert schon durch Sinneseindrücke und anschauliche Vorstellungen, noch mehr durch Gelüste, die sie erregen, durch Leidenschaft, Wollen u. s. w. während reines Denken ihr ursprüngliches Element sei. Daher die Sinne und das Sinnliche immer mit Verachtung genannt werden, während doch aller Gehalt des Denkens aus ihnen kommt. So hielt man das letzte Produkt für das Ursprüngliche. – So wenig aber der Intellekt sein könnte, ohne den Willen und die Organisation; so wenig fände er Stoff und Beschäftigung ohne sie; da es nichts vorzustellen und zu verstehn gibt als nur den Willen in seiner Objektivation. (97)

*

Der Wille zum Leben an sich ist ohne Erkenntnis, folglich ohne Bewußtsein, folglich ohne

Freude oder Schmerz: denn das Bewußtsein ist das Medium des Schmerzes, *locus dolorum*.
Sein Bild ist die Sonne, die für sich den unendlichen Raum nicht erleuchtet, sondern erst dann wann ihre Strahlen an Objekten abgebrochen und zurückgeworfen werden. Eben so ist der Wille an sich ein ins Unendliche gehendes Streben, ohne Bewußtsein, ohne Grenze und ohne Ziel. Erst, wenn die ganz andre Seite der Welt, die Welt der Vorstellung hinzukommt, entsteht, gleichsam wie auf jenem Reflexionspunkt der Strahlen, das Bewußtsein und mit ihm die Möglichkeit der Freude und besonders des Schmerzes im eigentlichen Sinn dieser Worte. (Der Kampf des bewußtlosen Willens mit Hindernissen kann nicht von eigentlichem Schmerz begleitet sein: sondern geht vor sich wie in der unorganischen Natur, wo Hebel mit Hebel kämpft, Gewässer mit Mühlrädern. Allein das Innere, das Ansich dieser Vorgänge kennen wir nicht unmittelbar; sondern müssen es uns durch Analogie mit bewußtem Tun und Leiden faßlich zu machen suchen.) Freude und Schmerz, obwohl sie an sich den Willen treffen und seine eignen Affektionen sind, sind demnach, ihrer Möglichkeit nach, ganz unabhängig vom vorstellenden Bewußtsein: daher das gewaltsame Sich-abwenden des Intellekts von Gegenständen des Grauens, der Furcht, des Verdrusses, welches soweit geht, daß Delinquenten in der letzten halben Stunde vor der Hinrichtung ihre Aufmerksamkeit auf die unbedeu-

tendesten und gleichgültigsten Dinge heften, instinktartig, nur um sie von der entsetzlichen Gegenwart abzulenken. Denn das Medium des Schmerzes ist die Vorstellung, als welche erst das Bewußtsein zu Wege bringt, ohne welches kein Schmerz denkbar. Ein[en] Beweis davon gibt unser eigner Organismus: was nicht zum Gehirn, dem Sitz der Vorstellung, gelangt, bleibt unbewußt, vom Vorgang der Verdauung und Sekretion erfahren wir nichts, weil das Zentrum der ihnen vorstehenden Nerven das Gangliensystem ist. Nur wenn Störungen in ihnen so stark werden, daß sie durch mittelbar mit dem Gehirn kommunizierende Nerven dahin dringen, sind sie von Schmerz begleitet. Daraus folgt, daß die vegetabilische und unorganische Natur nicht im eigentlichen Sinn leidet, noch sich freut. Und doch muß ein dumpfes Analogon dasein: aber eben weil es völlig bewußtlos bleibt, ist es nicht jenen beizuzählen, noch nach ihnen zu benennen. (98)

*

Daß das Wesen der Welt nie vollständig und bis auf den Grund klar verstanden werden kann (das Thema der Misosophen), liegt eben daran, daß ihr Ursprung und Kern kein Intellekt ist, sondern ein Erkenntnisloses, und daß die Erkenntnis als ein fremdes und ein zufälliges Akzidenz ihrer Erscheinung hinzugekommen, jenes daher nur nach Maßgabe seiner eigenen Beschaffenheit in sich aufnehmen kann. (99)

*

Wäre nicht der Intellekt sekundärer Natur; so würde nicht Alles, was ohne den Intellekt und die Vorstellung vor sich geht, wie z. B. die Zeugung, der Bau und die Erhaltung des Organismus, die Heilung der Wunden, der Ersatz oder die vikarierende Ergänzung verstümmelter Teile, die Kunsttriebe der Tiere und der Instinkt überhaupt, so unendlich besser und vollkommner ausfallen und deshalb metaphorisch als »Weisheit der Natur« bezeichnet werden, – als das was mit Hülfe des Intellekts geschieht, nämlich alle bewußten und beabsichtigten Handlungen und Werke der Menschen und Tiere, die, dagegen gehalten, nur eine Stümperei sind. – Überhaupt bedeutet »Natur« im engern Sinne das ohne Beitritt des Intellekts Wirkende. – Daß dieses identisch sei mit dem, was wir in uns als Wille erkennen, habe ich zur Genüge gezeigt. Der Unterschied ist nur, daß es in uns unmittelbar vom Intellekt, der hier als Selbstbewußtsein auftritt, beleuchtet wird; sonst wir es sowenig in uns als außer uns näher kennen lernen würden, und diesen Beitritt des Intellekts haben wir wegzudenken, wenn wir das Wesen des Willens an sich, so weit es möglich ist, erfassen wollen. (100)

*

Der Tod ist die Trennung des Willens vom Intellekt. (101)

Der Wille in der Natur

Wenn die Wolken ziehn, gehn die Figuren, die sie bilden, sie nichts an, sind ihnen nicht wesentlich: daß sie dem Stoß des Windes folgen ist ihre Natur, ihr Wesen als Körper: nur für den Beobachter sind die Figuren. – Ein Bach, der über Steine abwärts eilt, weiß nichts von den Strudeln, Wellen und Schaumgebilden, die er sehn läßt: daß er der Schwere folge, ist sein Wesen, nur für uns sind jene Gebilde. – Das Eis an der Fensterscheibe schießt an nach den Gesetzen der Kristallisation, die sein Wesen sind: die Bäume und Blumen, die es bildet, sind nur für uns da.

Was in Wolken, Bach und Kristall erscheint, ist der schwächste Nachklang jenes Willens, der vollendeter in der Pflanze, noch vollendeter im Tier, am vollendetesten im Menschen erscheint und sich objektiviert. Die Form seiner Erscheinung in dieser vollendetesten Gestalt ist die Geschichte des Menschengeschlechts, der Wechsel der Zeiten, die unendlichen Formen des menschlichen Lebens in verschiedenen Ländern und Jahrhunderten: aber dies alles ist nur die Form der Erscheinung des Willens, nicht der Wille, ja nicht einmal die eigentliche Erscheinung des Willens, sondern nur die *Form* dieser Erscheinung: dem Willen selbst, ja der eigentlichen Erscheinung des Willens (welche sich in allen Platonischen Ideen ausspricht) ist dies alles so fremd und unwesentlich wie den Wolken die

Figuren, die sie bilden u. s. w. Jenes alles kommt dem Willen (d. i. dem innern Wesen der Welt) nur zu, sofern er erscheint, und zwar in der Form des Satzes vom Grunde überhaupt erscheint: dem Wesen des Willens selbst ist alle Geschichte und Begebenheit fremd und zufällig: sein Wesen ist, daß er will, d. h. Leben will: für das Subjekt des Erkennens wird dies Wollen in den Ideen Objekt: die Ideen erscheinen in Zeit, Raum, Kausalität, kurz, nach dem Satz vom Grund: dies gibt Begebenheiten, Geschichte, Zeitalter. Aber diese sind leer und ohne Bedeutung für des Willens Wesen: das, was in aller Geschichte sich offenbart, das Leben-Wollen, und was dies mit sich bringt, folglich die Ideen, welche in aller Geschichte auseinandergezogen sind, die sind die eigentliche Erscheinung des Willens, also die wahre Welt: diese sind der erkannte Wille, der Wille für das Subjekt des Erkennens. Für das Subjekt, sofern es im Satz vom Grunde befangen ist, erscheinen sie als Geschichte, Folge von Zeit[-]Begebenheiten. Wie aber nun diese, nach der Proportion ihrer Teile zu einander, aussehn, wie sie verkettet sind, das ist den Ideen, die in ihnen erscheinen, und dem Willen, der in diesen erscheint, so gleichgültig und unwesentlich wie den Wolken die Figuren, die sie bilden, dem Bach die Gestalt seiner Strudel, dem festwerdenden Flüssigen die Form der Bäume auf der Scheibe oder: des *arboris Dianae* im Glase. Es ist die *Maja*. –

Man hat also zu unterscheiden 1) den Willen zum

Leben selbst. 2) Die vollkommne Objektivität desselben, welche die Ideen sind. 3) Die Erscheinung dieser Ideen in der Form, deren Ausdruck der Satz vom Grund ist, d. i. die wirkliche Welt, Kants Erscheinung, der Indier *Maja*. (102)

*

Die sich uns unwiderstehlich aufdringende teleologische Erklärungsart der Natur, die unleugbare Zweckmäßigkeit teils jedes Wesens, seinen Teilen nach, zu seiner eignen Selbsterhaltung, teils die der ganzen Natur zur Erhaltung aller und jedes wieder zur Erhaltung eines andern, gab in der Scholastischen Phil[osophie] den Stoff zur Physikotheologie. Meiner Phil[osophie] gemäß ist sie folgendermaßen zu erklären.

Jedes Wesen in der Natur, ja die ganze Natur ist Objektivität des Willens, grade so wie meine Handlungen Objektivierung meines Willens und mein empirischer Charakter Objektivierung meines intelligiblen ist. Dieser letztere ist ganz durch sich selbst und durch nichts außer ihm bestimmt: aber die Art und Weise, wie er erscheint, d. h. die Formen, Begebenheiten, Handlungen, in denen der empirische Charakter sich abbildet, hängt ab von den meinen Lebenslauf zufällig umgebenden Objekten, die als Motive auf ihn wirken. Nach dem Einfluß dieser richtet sich also die Art seines Erscheinens, die sehr verschieden sein kann, obgleich das Wesentliche, der Inhalt dieses Erscheinens dasselbe bleibt. Eben so richtet sich jedes organische Wesen, bei seiner ursprünglichen Entstehung, indem es an sich Objektivität des unabhängigen Willens ist, doch nach den Umgebungen, in die es eintritt: angemessen darum ist jede Pflanze ihrem Himmelsstrich, jedes Tier seinem Element und der Art seine Nahrung zu erhaschen, das Auge dem Licht, die Lunge und das Blut der Luft, die Schwimmblase dem Wasser, das Auge des Seehunds dem Wechsel seines Elements und so bis auf die speziellsten und wunderbarsten Zweckmäßigkeiten herab: eben so ist jeder Teil jedes Organismus dem Ganzen und dies wieder jedem Teil genau angemessen, denn es ist ja die Erscheinung eines individuellen mit sich höchst übereinstimmenden Willens. (103)

*

Gehn wir in ferne Länder und ein wärmeres Klima; so kommen uns viele neue Tiergestalten vor, die wir mit Verwunderung betrachten, uns nämlich etwas ganz Neues. Aber nur die Gestalt und Farbe ist das Neue. Das innre Wesen ist dasselbe und wohlbekannte: Wille zum Leben, in seinen gleichförmigen, bekannten Äußerungen, die nicht viel Varietät zulassen. (104)

*

Die Natur, die Welt soll der Philosoph ansehn, nur nebenbei die Bücher: Denn was diese geben, ist immer erst aus der 2ten Hand, und meistens schon verfälscht: denn es ist immer nur ein Widerschein, ein

Konterfei des Originals, welches die Welt ist, und selten war der Spiegel rein.
Die Natur, die Welt allein kann nie lügen, denn sie eben macht alle Wahrheit zur Wahrheit. Daher soll man auf sie sehn, sie ins Auge fassen und zwar ihre großen, deutlichen Züge, ihren Hauptcharakter, diejenigen Erscheinungen, die allezeit und überall sind, nicht die kleinen, seltnen, mikroskopischen oder vorüberfliegenden Erscheinungen: diese mag der Zoolog und der Physiker verfolgen: der Philosoph hat wichtigere Dinge vor: denn er hat die Hauptsache auszumachen, das Ganze und Große der Wahrheit.
Sieh die Leiche des Menschen an, der ein tätiges strebsames Leben, voll Freude und Leid, Angst, Not und Triumph durchgeführt hat: sie sinkt ins Grab.
Daß die vollkommenste Erscheinung des Willens zum Leben, die sich im Menschen durch ein so überaus kompliziertes Getriebe darstellte, zu Staub zerfallen muß, und so ihr ganzes Wesen und Streben am Ende zur Vernichtung kommen muß: dies ist die naive Aussage der Natur davon, daß das ganze Streben dieses Willens durchaus nichtig ist: wenn es etwas wäre, das unbedingt sein sollte; so würde es nicht das Nichtsein zum Ziele haben.

Denn Alles, was entsteht,
Ist wert, daß es zu Grunde geht. (105)

*

In England ist wieder, seit 1816 bis jetzt, ein lebhafter Streit über den Materialismus, da ein Chirurg Lawrell behauptet hat, die Materie, durch ihre Mischung und Form, bringe alles Geistige, Denken und Wollen im Menschen hervor, u. s. w. Der darüber eifernden Frommen sind viele...

Das alles ist Wortstreit, denn die Materie kennt ihr so wenig als den Geist: durch beide Worte bezeichnet ihr 2 Undinge. Ihr könnt ja so wenig vom Streben der Schwere im Stein Rechenschaft geben, als vom Denken im menschlichen Gehirn. Ihr glaubt eine tote Materie zu erkennen: glaubt alles zu verstehn, was ihr auf mechanische Wirkung zurückführen könnt. Aber wie die chemischen und physischen Wirkungen auch eingeständlich noch unbegreiflich sind, so lange ihr sie nicht auf mechanische zurückführen könnt; so sind diese mechanischen Wirkungen selbst, die Kräfte der Schwere, Undurchdringlichkeit, Kohäsion, Härte, Starrheit, so geheimnisvoll als das Denken des Menschen: kann die Materie von selbst zur Erde fallen; so kann sie auch denken. Das wirklich rein und durch und durch Verständliche an der Materie ist bloß das rein Mathematische, also die Bestimmungen des Raumes und der Zeit: Diese aber sind *a priori* gegeben, gehören also der Form des Erkennens an, der Vorstellung: objektive und an sich wird dadurch das Ding nicht erkannt. Sobald wir aber weiter gehn, als das rein Mathematische, sobald wir nur zur Undurchdringlichkeit, zur Schwere, zur Starrheit kommen, stehn wir schon bei Äußerungen die an sich uns eben so geheimnisvoll sind als das Denken und Wollen des Menschen, beim Unergründlichen: denn das ist jede Naturkraft. Wo bleibt nun also jene Materie, die ihr kennt, und aus der ihr alles erklären, auf die ihr alles zurückführen wollt? – Rein begreiflich und ganz ergründlich ist bloß das Subjektive, das Mathematische: und sobald etwas Objektives auftritt, etwas nicht *a priori* Gegebenes, ist es auch sofort schon unergründlich. Denn es ist eben der Wille. Nehmt ihr im Menschen einen Geist an, so müßt ihr auch jedem Stein einen Geist zugestehn. – Kann eure tote Materie als Schwere streben, als Elektrizität anziehn und Funken schlagen; so kann sie auch als Gehirnbrei denken. – Aller Geist ist Materie; aber auch jede Materie ist Geist. (106)

*

Wenn wir irgend ein Wesen, es sei ein Tier, in seinem Leben und Dasein und Wirken auffassen; so steht es vor uns als ein unergründliches Geheimnis. Sollte denn die Natur, aus bloßer Verstocktheit, ewig vor unsrer Frage verstummen? Ist sie nicht wie alles Große, offen, aufrichtig und sogar naiv? – Und kann ihre Antwort je aus einem andern Grunde fehlen, als weil die Frage verfehlt war, schief war, unter falschen Voraussetzungen geschah, einen Widerspruch im Innern trug? Läßt sich daher wohl denken, daß es überhaupt einen Zusammenhang von Gründen und Folgen da gebe, wo er ewig und wesentlich unent-

deckt bleiben muß? – Gewiß das Alles nicht. – Sondern das Unergründliche ist es darum, weil wir nach Gründen und Folgen forschen auf einem Gebiet, dem diese Form fremd ist, wo gar keine mehr möglich sind; weil wir die Kette der Gründe und Folgen auf einer ganz unrechten Fährte verfolgen, dahin ihr nachgehn, wohin sie nicht gerichtet ist. Das Innere Wesen der Natur selbst, das aus jeder Erscheinung uns entgegentritt, wollen wir am Leitfaden des Satzes vom Grunde auffassen, während dieser die bloße Form der Erscheinung ist. Da liegt der Fehler. Als Erscheinung ist das Dasein jenes Tieres vollkommen erklärt: durch die Zeugung: wesentlich ist uns diese nicht geheimnisvoller als der Erfolg der einfachsten Wirkung aus ihrer Ursache: denn auch diese ist zuletzt unbegreiflich: daß bei dem Bewirken durch Zeugung ein Paar Mittelglieder des Zusammenhangs fehlen, ändert nichts Wesentliches: denn hätten wir auch sie, so ständen wir doch am Unbegreiflichen.
Das Innre Wesen der Dinge aber ist dem Satze vom Grunde fremd. Es ist der Wille als Ding an sich: der ist, weil er will, und will, weil er ist. Er ist das schlechthin Reale in jedem Dinge. (107)

*

Aber noch mehr: Die Unvergänglichkeit des Willens als Dings an sich, hat einen Typus, ein Abbild in der anschaulichen Welt, nämlich das ewige Beharren der Materie. Wer nun auch das Wesen des Willens,

als Dings an sich, nicht begreift noch zugeben kann, was daraus gefolgert wird; der wird doch immer das *Beharren der Materie* zugeben, und wenn auch keiner andern Unsterblichkeit, doch dieser sich getrösten, daß die Substanz seines Leibes unverwüstlich ist und beharrt durch alle Ewigkeit. Dies nun scheint so gar nichts zu sein, daß es wie Ironie klingt, ist aber nicht so gering zu schätzen, als es scheint: vielmehr kann schon diese palpable Unsterblichkeit jeder andern sich zur Seite stellen. – »Wie? das Beharren des bloßen Staubes? der rohen Materie?«
Oho! kennt ihr denn auch diesen Staub? wißt ihr was er ist und was er vermag? – Betrachtet ihn doch erst in der Nähe! Er vermag nichts Geringeres, als was ihr die Wunder der Schöpfung nennt. Diese Materie, die nun als Staub und Asche da liegt, wird bald, im Wasser aufgelöst, als Kristall anschießen, wird als Metall glänzen, wird elektrische Funken sprühen und als galvanische Spannung Erden zu Metall reduzieren: sie wird von selbst sich zu Pflanze und Tier gestalten, aus sich jede Gestalt hervorbringen, tausendfaches Leben zeigen und unermüdlich unendliche Zeit hindurch, in allen den Gestalten sich darstellen die *ihr* bewundert. Ist es etwas Kleines, als *solche Materie* fortzudauern? Die Materie an sich, die Basis der Welt der Anschauung und Erfahrung, ist der (unmittelbare) *Widerschein, die Sichtbarkeit des Dinges an sich, des Willens*: daher gilt von ihr, unter den Bedingungen der Erfahrung, was vom Willen an

sich gilt: sie gibt alle seine Beziehungen im zeitlichen Bilde wieder.

Der Materialismus, den man verabscheut, ist ein solcher, der die Materie gar nicht kennt, es daher nicht mit der wirklichen, sondern mit einer imaginären, monströsen Materie zu tun hat, einem Wechselbalg der wahren Materie, einer Materie, die keine andern als mechanische Eigenschaften hat. (108)

*

Daß der unorganischen Natur ein Wille beigelegt werde, ist ihnen neu; aber von einem Leben der unorganischen Körper ist seit 20 Jahren oft geredet. Ich erkenne das Leben nur den organischen Wesen zu, wie es ohne Mißbrauch des Worts nicht anders geschehn darf: aber ich sage, der Wille ist nicht, wie man bisher annahm, eine Erscheinung des Lebens allein; sondern das Leben ist eine Erscheinung des Willens. – Man sage nicht, daß dies auf Worte hinauslaufe: wir denken und verständigen uns allein durch Worte. (109)

*

Der Charakter aller Dinge ist Vergänglichkeit: wir sehn in der Natur Alles, vom Metall bis zum Organismus, sich, durch sein Dasein selbst, aufreiben und verzehren. Wie könnte nun die Natur das stete Erhalten und Erneuern besonders der Organismen, die zahllose Wiederholung des Lebensprozesses eine unendliche Zeit hindurch, aushalten ohne zu ermüden, wenn nicht das Innre der Natur ein Zeitloses und dadurch völlig Unverwüstliches wäre, ein Ding an sich, völlig andrer Art als seine Erscheinungen, ein allem Physischen heterogenes Metaphysisches. Und dieses ist der Wille. (110)

*

Der Wille im Menschen hat genau denselben Zweck wie der Wille im Tier: sich nähren und Kinder zeugen. Aber nun, welch einen komplizierten und künstlichen Apparat dazu hat der Mensch, welch künstliche Mittel zum selben Zweck, wie viel Intellekt, Überlegung und feine Abstraktion, die selbst bei den täglichen Verhandlungen des gemeinen Lebens in Anwendung gebracht werden. Und doch wird nur eben dasselbe bezweckt und erreicht, wie vom Tier. Es ist, wie wenn derselbe Wein ein Mal in einem irdnen Gefäß, ein andermal im künstlichst gearbeiteten Becher gereicht wird: es bleibt derselbe Wein: wie die Degenklinge dieselbe bleibt, der Griff mag Gold oder Messing sein. (111)

*

Daß die Korporisation nur der Ausdruck des Willens sei, drücken die *Puranas* recht schön aus in der Episode des Mahabarata *Sundas* und *Upasundas*, 3ter Gesang (Bopp, Ardschuna's Reise zu Indra's Himmel, nebst andern Episoden des Mahabarata. 1824): Da hat Brama die Tilottama, das schönste aller Weiber, geschaffen, und sie umgeht die Versammlung der Götter. Schiwa hat solche Begier, sie anzuschauen, daß, wie sie successive den Kreis umwandelt, ihm vier Gesichter nach Maßgabe ihres Standpunkts, also nach den 4 Weltgegenden hin, entstehn: darum hat Schiwa 4 Gesichter: eben so entstehn dem Indra bei derselben Gelegenheit unzählige Augen auf dem ganzen Leibe.

Und so ist jede Idee ursprünglich eine sich fixierende, sich gestaltende, sich auf ein Besonderes werfende, sich nach den Umständen bestimmende Sehnsucht des Willens zum Leben. Z. B. ihn ergriff die Sehnsucht auf Bäumen zu leben, an ihren Zweigen zu hängen, von ihren Blättern zu zehren, ohne Kampf mit anderen Tieren, und den Boden nie zu berühren: dies Sehnen stellt sich dar in der Idee des Faultieres. Gehn kann es fast gar nicht, weil es nur auf Klettern berechnet ist, hülflos auf dem Boden, ist es behend auf den Bäumen. (112)

*

Willensäußerungen an Pflanzen kann man besonders an Rankengewächsen wahrnehmen welche, wenn keine Stütze zum Umfassen in der Nähe ist, sie suchend, immer nach dem schattigsten Ort hin ihr Wachstum richten, sogar nach einem Stück dunkelgefärbten Papiers, wohin man es legt, dagegen ein Stück Glas, weil es glänzt, fliehen... Man sollte mehrere stützenlose Rankenpflanzen im Kreise um einen Stamm stellen und sehn, ob sie nicht alle dahin kröchen. (113)

*

Wenn die Natur den letzten Schritt bis zum Menschen, statt vom Affen aus, vom Hunde oder Elefanten aus, genommen hätte; wie ganz anders wäre da der Mensch. Er wäre ein vernünftiger Elefant, oder vernünftiger Hund, statt daß er jetzt ein vernünftiger Affe ist. Sie nahm ihn vom Affen aus, weil es der kürzeste [Schritt] war; aber durch eine kleine Änderung ihres früheren Ganges wäre er von einer andern Stelle aus kürzer geworden. – (114)

*

Die Flamme, welche aus den Augen aller Tiere hervorleuchtet, ist eine ewige: wenn gleich wir sie erkennen müssen als das zeitliche Produkt des vergänglichen Organismus und seiner im steten Wandel begriffenen Säfte. (115)

*

Ich muß es aufrichtig gestehn: der Anblick jedes Tiers erfreut mich unmittelbar, und mir geht dabei das Herz auf; am meisten der der Hunde und sodann der aller freien Tiere, der Vögel, der Insekten, und was es sei. Hingegen erregt der Anblick der Menschen fast immer meinen entschiedenen Widerwillen: denn er bietet, durchgängig und mit seltenen Ausnahmen, die widerwärtigsten Verzerrungen dar, in jeder Art und Hinsicht, physische Häßlichkeit, den moralischen Ausdruck niedriger Leidenschaften und verächtlichen Strebens, Zeichen von Narrheiten und intellektuellen Verkehrtheiten und Dummheiten jeder Art und Größe, endlich auch das Schmutzige, in

Folge ekelhafter Gewohnheiten: darum wende ich mich davon ab und fliehe zur vegetabilischen Natur, erfreut, wenn mir Tiere begegnen. Sagt was ihr wollt! der Wille auf der obersten Staffel seiner Objektivation gewährt keinen schönen Anblick, sondern einen widerwärtigen. Ist doch schon die weiße Gesichtsfarbe widernatürlich und die Bedeckung des ganzen Leibes mit Kleidern, eine traurige Notwendigkeit des Nordens, eine Verunstaltung. (116)

Magie

Der Wille ist magisch, Millionen Erscheinungen einer Art kosten ihn nicht mehr als eine: darum zerstöre getrost die Knospe des Baums, Millionen andre sind bereit: – aber halt! in jeder Knospe die du zerstörst, leidet der ganze Wille zum Leben.
Sieh die Gestirne, ermesse ihre Ferne: sie ist unermeßlich, erwäge den ganzen Sinn des Worts und nimm ihn als buchstäblich wahr: wie unendlich klein bist Du, und wie so gar nichts ist Dein Tun und Lassen: – aber halt! – in deinem Tun und Lassen entscheidet sich der ganze Wille zum Leben, das Einzige was wahrhaft ist, der Kern aller Welten. – Nur wenn man den Willen als das Ding an sich erkennt, – ersieht man die Identität des Allergrößten und Allerkleinsten, *maximi et minimi*, das Makrokosmos und Mikrokosmos, und vereinigt die beiden widerstrebenden Pole der Erkenntnis. (117)

*

... wenn man so wie *Dr. Kerner* alle Visionen der Seherin als objektive Warhnehmungen einer Geisterwelt betrachten wollte, wo sie freilich alle Metaphysik und Spekulation ganz unnütz machen und ersetzen; wie müßte dann das Wesen der Welt und der Dinge beschaffen sein! Ganz wie die elende Volksmetaphysik im Hirn eines unwissenden Gebirgsmädchens es lehrt. Geister, die ein Jahrhun-

dert spuken, wegen Verbrechen, löschen ihren ganzen sündlichen Wandel aus durch Knien, Singen und Beten mit der Seherin, nach ihrer Anleitung, Durchlesen der 10 Gebote und durch den katechisierenden Religionsunterricht, den sie, »so wie der Prediger den Kindern«, ihnen erteilt! Bd. 2, *p.* 111 katechisierte sie den Geist in den 10 Geboten. Danach werden jene Mörder und Sünder selig! oder sie wollen die Leiche des Ermordeten auf den Kirchhof gebracht haben. – Bei einer solchen dummen Weltordnung möchte ich gar nicht selig werden, lieber allein herumspuken, um mich ungestört darüber moquieren zu können. –
Körper nennen wir, was auf die Sinnesorgane wirkt und in Folge hievon sich dem Gehirn, oder vielmehr in diesem, als raumerfüllend darstellt. Daher ist über Realität, d. h. Dasein in der Körperwelt, das Gehirn allein Richter, nicht aber das Gangliensensorium, das auch alle Träume für real hält. Alles was nicht vom Gehirn, sondern bloß vom Gangliensensorium wahrgenommen wird, gehört zur Familie der Träume. Daß diese sich bisweilen auf ein Objektives, Reales beziehn, ist wahr, aber selten, und das Kriterium dazu fehlt uns.
Ließe es sich vielleicht denken, daß das Ding an sich (der Wille zum Leben), wenn es nicht mehr auf das Gehirn wirken könnte, also aufgehört hätte sich als Körper zu objektivieren, nunmehr auf das Gangliensystem direkt einwirkte, und in diesem Sinne Geist hieße?

Daß auch Körper auf das Gangliensystem wirken, zeigt die abwesende Vorgänge erkennende *Clairvoyance* genugsam. – *J. Kerner* sagt (Seherin Bd. 2, *p.* 38) ganz richtig vom Geistersehn: »Die auffallendeste Erscheinung aus dieser Sphäre streitet, im Tumult des Lebens, Einem das eigne Gehirn sogleich wieder weg, weil dieses, in Momenten, wo der Mensch solche überirdische Anregungen erhält, ... isoliert bleibt und nur nach deren Aufhebung wieder in Wirkung tritt.« (118)

*

Das durchaus Objektive des Traums, welches sich besonders im Unerwarteten, ja Überraschenden seiner Vorgänge kund gibt, welches letztere bei Phantasien im wachen Zustand nie Statt findet und den Traum durchweg von diesen unterscheidet, – dies scheint sicher genug zu beweisen, daß der eigentliche Ursprung und Ausgangspunkt der Entstehung des Traums nicht wie der der Phantasien im Gehirn sein kann, wenn auch das Gehirn Teil daran nehmen sollte, sondern jener Ursprung ist am andern Nervencentro im Bauchgeflecht zu suchen: vielleicht daß dieses dabei die Rolle spielt, welche beim wachenden Wahrnehmen die der Sinnesorgane ist, nämlich den rohen objektiven Stoff zu liefern, der im Gehirn zur anschaulichen Vorstellung wird.

Wenn nun ein Mensch auf einen andern magisch wirkt; so wirkt er durch seinen Willen, ja er wirkt als metaphysischer Wille: diese Wirkung manifestiert sich zunächst in dem einfachsten, dem Willen zunächst liegenden, noch auf bloße Reize reagierenden Teil des Nervensystems, also im Bauchgangliensystem. [Denn hier ist der Wille ursprünglich tätig, in seiner Eigenschaft als Ding an sich, welche von den Grenzen der Individualität frei ist.] Dieses wirkt wieder aufs Gehirn: Allein das Gehirn nimmt diese Wirkung als Stoff zu seiner Erkenntnisweise, nach Gehirnart auf, daher es sie schematisiert zu Gestalten, wie die Traumgestalten sind: daher sieht es die Gestalt des Einwirkenden, wie es äußere Gegenstände sieht. Und wenn der Traum Schlaf des Gehirns, und vielleicht noch mehr der Sinnennerven, voraussetzt, indem er bloß aus eigenen und natürlichen Veränderungen im Gangliensystem entsteht; so kann die Einwirkung von Außen dagegen so stark sein, daß sie sogar bei wachendem Gehirn es zu solchen Wahrnehmungen treibt; zumal wenn die Sinne keinen Eindruck erhalten; leichter freilich bei schlafendem. Nach dieser Ansicht übernimmt beim Traum, Somnambulismus und Geistersehn das Gangliengeflecht nicht die Funktion des Gehirns, welches bei seiner Gestalt und geringen Maßen auch nicht sein kann; sondern die Funktion der Sinnesorgane: daher sieht, ja liest die Somnambule mit der Herzgrube, während die Sinne so depotenziert sind, daß der stärkste Licht- oder Schall-Eindruck nicht wahrgenommen wird. Hingegen ist die beim Wachen statt habende Isolation des Gehirns vom Ganglien-geflecht aufgehoben. Es scheint aber, daß wenn das Gehirn auf solche Art durch ein andres Wahrnehmungsorgan in Tätigkeit gesetzt wird, diese Tätigkeit auch selbst in andern Teilen oder in andrer Ordnung derselben vollzogen wird, etwa so, daß jetzt die graue Gehirn-Substanz statt der weißen fungiert, und es wie umgekehrt arbeitet: daher keine Erinnerung des Somnambulism. Daher zunächst die merkwürdige und häufige Tatsache, daß beim Erwachen nach kurzem Schlaf man Alles umgekehrt aufzufassen genötigt, ganz desorientiert ist, und was Rechts im Zimmer ist als Links, und was Hinten als Vorn wähnt. (119)

*

Man glaubt, die Realität einer Geistererscheinung widerlegt zu haben, wenn man nachwies, daß subjektive Bedingungen einen Anteil daran hatten: allein dies Argument ist nichtig für den, der aus der Kantischen Lehre weiß, wie stark der Anteil subjektiver Bedingungen bei der Erscheinung der Körperwelt ist. (120)

*

Um wirkliche Erscheinungen Verstorbner als möglich zu denken, müßte man annehmen, daß durch den Tod der individuelle Wille die Fähigkeit verlöre, auf das Gehirn der Andern mittelst der Sinnesorgane einzuwirken, hingegen ihm die Fähigkeit bliebe, auf das Gangliensystem derselben einzuwirken, wie bei der magischen oder magnetischen Einwirkung der Fall ist, und wie er solches wohl gewiß nicht selten im Augenblick des Sterbens tut. Solche Einwirkung auf das Gangliensystem stellte sich sodann dem Gehirn als das Bild des Verstorbenen dar. (121)

*

Im Menschen liegt ein in der Regel verborgen bleibendes, vom gewöhnlichen, cerebralen, verschiedenes Erkenntnisvermögen, dem in sofern eine Art Allwissenheit zukommt, als es nicht durch Zeit- und Raumbeschränkungen gehemmt wird, sondern das weit Entfernte, das längst Vergangene und das Zukünftige so erkennt, wie wir das Nahe und Gegenwärtige. Wir lernen es zunächst kennen aus den Proben, welche hellsehende Somnambulen von ihm ablegen, auch aus prophetischen Träumen u. dgl. m. Aus demselben nun lassen sich fast alle Visionen und Geistererscheinungen erklären, als dadurch entstehend, daß jenes dem Gehirn unbewußte Erkenntnisvermögen etwas erkannt hat, davon der dem ganzen Wesen des Menschen zum Grunde liegende Wille dem Gehirn Kunde geben möchte und daher jener Erkenntnis einen Weg zu diesem eröffnet, welches jedoch dieselbe nur unter der Form der Anschauung eines gegenwärtigen Körpers auffassen kann, wodurch die Erscheinung eines solchen *quasi*-Objekts entsteht. Ersieht z. B. jenes verborgene Erkenntnisvermögen, daß eben jetzt mein entfernter

Freund stirbt, so kündigt es dieses meinem Gehirn durch die Gestalt des Freundes an, der jetzt leibhaftig vor mir steht, ohne daß der Sterbende selbst hiebei mitwirkte, etwan durch sein Gedenken an mich. Eben so ersieht es den baldigen Tod irgend Bekannter; dann erhalte ich das 2te Gesicht darüber in allerlei Weise, entweder symbolisch, indem sie mir ohne Kopf oder im Leichentuch erscheinen; oder theorematisch, indem ich sie im Sarge oder genau ihren Leichenzug sehe. Eben so können aus derselben Quelle dem Gehirn die zukünftigen Schicksale der eigenen Person symbolisch angekündigt werden, z. B. der Tod durch das objektive Erscheinen derselben, welches jedoch nicht immer diese Bedeutung hat; auch bevorstehende Gesundheit und langes Leben durch andere Visionen. Hiebei versteht sich, daß dies alles nur geschehn kann, sofern meine eigene Beschaffenheit mich dazu qualifiziert: denn bei allen diesen Erscheinungen sind die objektiven Bedingungen die allgemeinen und normalen; aber die subjektiven sind die besondern und abnormalen. Daher ist die Sache viel mehr subjektiv als objektiv bedingt und merkwürdig.

Da also jenes Erkenntnisvermögen durch Zeit- und Raumbeschränkung nicht gehemmt wird, so wird es, nach Umständen, eben so gut auch das längst Vergangene erkennen; welches sodann herauszuheben und in ihm anzuregen irgend eine zurückgelaßne Spur, z. B. die bloße Lokalität, oder ein ver-

grabner Schatz, oder Gerippe u. s. w. hinreicht: welche Dinge hiebei die Rolle spielen, die in dem gewöhnlichen Erkennen der *Nexus idearum* seinen Gegenständen erteilt, wodurch dann die Erscheinungen längst Verstorbener entstehn, ohne daß jedoch diese selbst den mindesten aktiven Anteil daran hätten, oder daraus auf ihre noch fortdauernde individuelle Existenz zu schließen wäre. Wenn nun aber, bei einigen Beispielen dieser Art, erzählt wird, jene Verstorbenen hätten dem Sehenden bis dahin unbekannte Tatsachen reveliert, so ist zwar dies erst auf die sichersten Zeugnisse anzunehmen und bis dahin zu bezweifeln: indessen ließe sich auch dies nach gewissen Analogien mit dem Hellsehn der Somnambulen erklären; nämlich einige von diesen haben, wenn ihnen Kranke vorgeführt wurden, die es durch einen Zufall, z. B. den Sturz von einer Leiter, das Verschlucken eines harten Körpers in der Kindheit, geworden, dieses ihnen gesagt und den ganzen Vorfall ihnen ins Gedächtnis zurückgerufen...
Dahin gehört auch, daß einige Hellsehende aus einer ihr zugesandten Haarlocke die ganze Krankheit des Patienten erkennen sollen. Also beweisen selbst Revelationen noch keine persönliche Anwesenheit des Gestorbenen.
Nimmt man jetzt noch die Ansteckungsfähigkeit des Somnambulismus und 2ten Gesichts zu Hülfe; so kann man aus dieser die Fälle erklären, wo 2 Personen den selben Geist sahen und hörten. Sonach wäre denn

Alles insofern erklärt, als es auf einen gemeinschaftlichen, zwar tatsächlich gegebenen, dennoch höchst geheimnisvollen Grund zurückzuführen wäre.
Allein damit müssen wir uns in vielen Fällen begnügen, z. B. in dem ganzen großen Gebäude der Elektrizitätswissenschaft, die bloß im systematischen Zusammenstellen vielartiger Phänomene besteht, die sämtlich aus Einem gänzlich geheimnisvollen und unerklärt bleibenden Urphänomen, der Elektrizität selbst, abgeleitet werden. (122)

*

Wenn Einer die klopfenden Tische als Orakel konsultiert, und sie ihm das Abwesende, ja Künftige richtig verkündigen; so ist dies daraus zu erklären, daß ihm, was er unbewußt weiß, durch den Tisch zum Bewußtsein gebracht wird. In uns steckt ein himmlischer Prophet, der laut wird im Somnambulismus und Hellsehn, wo er verkündet, was vor- und nachher, im wachen Zustande, uns unbewußt ist. Auch im tiefen Schlaf weiß er Alles und sucht bisweilen es dem Gehirn in allegorischen Träumen, seltener in theorematischen, beizubringen. Oft aber kann er ihm nicht mehr als eine dumpfe Ahndung zukommen lassen. Die Allwissenheit dieses Propheten muß es sein, die mittelst des Tischklopfens zum Bewußtsein gebracht wird, wie ein Ton, von dem man bloß das Echo hörte; oder wie wir unser Angesicht nicht unmittelbar, sondern bloß im Spiegel, durch die Repercussion der Strahlen, sehn können. Selbst wenn der

Fragende den Tisch nicht berührt; so wirkt er durch Die, welche ihn berühren, vermöge der Einheit des Dinges an sich in allen Wesen, hindurch auf den Tisch. *Dupotet* macht durch seinen Willenseinfluß die Personen willenlos; so, daß sie alle Bewegungen nach seinem Wink und Willen vollziehn, nicht mehr nach dem ihrigen. Nun hat ein Tisch auch einen Willen, wiewohl einen sehr schwachen, der sich als Schwere äußert: dieser wird nun eben so durch den Willen der Hände auflegenden Personen überwältigt, so daß der Tisch, statt seinem Willen, dem ihrigen folgt. (123)

*

Die Amerikanische Geisterklopferei u.s.w. zu erklären, könnte man sagen: nach dem Tode bleibt ja der bloße nackte Wille, ohne Intellekt, übrig. Dieser bedarf zur Wahrnehmung des Vorhandenen eines fremden Intellekts, den er parasitisch in Besitz nimmt (und den ihm das *Medium* leiht), durch den er wahrnimmt und sodann, gemäß dieser Wahrnehmung, die jedem Willen, also auch dem des Gestorbenen, zu Gebote stehende magische Kraft ausübt, im Klopfen, Werfen u.s.w.

Idee – Genie – Kunst

Das Leben aller genialen Menschen ist durchweg tragisch, wenn es auch, von Außen gesehn, noch so ruhig erscheint. (125)

*

Einem genialen Geist ist die Vernunft, was ein schwaches Lenkband im Gebiß eines wilden Pferdes, ein Gängelband einem Riesen. Dem gewöhnlichen Menschen ist sie zu einem heilsamen Wegweiser und Lenker hinreichend. Die Genialen aber sind selten (oder nie) vernünftig, daher selten glücklich und selten untadelhaft. (Aber der Glaube, nicht die Werke versöhnen.) (126)

*

Mit einem Kunstwerk muß man sich verhalten wie mit einem großen Herrn: nämlich sich davor hinstellen und warten, daß es Einem etwas sage. (127)

*

Auf dem Gesicht des Apolls von Belvedere lese ich den gerechten und tiefgefühlten Unwillen des Musengotts über die Erbärmlichkeit und gänzliche, nicht zu bessernde Verkehrtheit der Philister. Auf diese hat er seine Pfeile gesendet, um die Brut der ewig Abgeschmackten zu vertilgen. (128)

*

Wenn man bei Kontemplation, d.i. ästhetischer Anschauung eines Objekts, nur noch reines Subjekt des *Erkennens* ist und den Willen vergessen hat: so mischt sich in diese Seligkeit doch bald ein leiser Schmerz, der eigentlich eine leise, aber störende Erinnerung an die Persönlichkeit, d.i. an den *Willen* ist. Unkundige denken dann, es sei bloß eine Erinnerung an betrübte Umstände, in denen sie sich grade jetzt (in der Tat aber immer) befinden. In Wahrheit aber ist es eine Betrübnis darüber, daß das reine Subjekt des Erkennens sein Erkennen durch ein unmittelbares Objekt vermittelt, das notwendig die Verkörperung, Erscheinung eines *Willens* ist. –

Das *Genie* besteht in der Erkenntnis der Ideen. Die Genialen *kontemplieren* daher die Gegenstände. Daher eigentlich leuchtet das Genie nur aus den Augen, indem der Blick eines Kontemplierenden etwas Festes, Lebhaftes hat und sogar oft (wie bei Goethe) das Weiße über der Pupille sichtbar wird. (NB, bei heftigen, wilden Menschen kann dies letztere auch der Fall sein, wiewohl aus andern Ursachen und ist durch das Rollende der Augen dann leicht zu unterscheiden.) – Ungeniale haben kein Interesse an der Idee, welche ein Gegenstand ausspricht, sondern nur an den Beziehungen des Gegenstandes auf andre und zuletzt auf ihre Person. Daher kontemplieren sie nicht, fixieren selten etwas lange, sind mit Allem Betrachten bald fertig. Ihr Auge trägt darum auch nicht jenes Gepräge des Genies. Ja recht platte gemeine Philister haben den wahren Gegensatz des Kontemplierens, das *Spähen*. Ihr Blick ist daher durchaus spähend, was sich besonders ausdrückt wenn sie, um deutlicher zu sehn, häufig die Augen zusammenziehn *(connivere).* Dies tut, wenigstens habituell, gewiß kein wahrhaft genialer Mensch; selbst wenn er kurzsichtig ist nicht.

Für jede Idee gibt es einen Begriff, aber nicht für jeden Begriff eine Idee. Das unterschied Plato nicht wohl, indem er *de Republica X initio* sagt auch der Tisch, der Stuhl u. s. w. drücke eine Idee aus, die Idee des Tisches, Stuhls u. s. w. – Das ist nicht: Tisch und Stuhl drücken freilich eine Idee aus, aber nicht die Idee von Tisch und Stuhl: sondern alle Artefakten dieser Art drücken nur die Idee der Materie und des Lichts aus. (129)

*

Der Philister betrachtet immer nur seinen Weg im Leben, mit Betrachtung des Lebens selbst verliert er keine Zeit. Das Genie dagegen betrachtet das Leben selbst, seinen Weg darin aber nur gelegentlich mit, und geht ihn daher oft schlecht genug.

Der Philister, wenn er klug ist, betrachtet nicht nur seinen Weg, sondern alles, was irgend ein Mal sein Weg werden könnte, er sammelt daher sogar Topographien und Landkarten aller Art. Das Genie: sieht immer nur auf das Leben selbst, die einzelnen Wege kennt es meistens schlecht.

Das Genie, könnte man sagen, betrachtet also das Ganze, der Philister nur den Teil der ihn angeht. Das wäre wohl wahr: aber was ist das Ganze? die

Totalität der Welt? die ist nie gegeben: und ein bloßer durch transzendente Schlüsse gewonnener Begriff. Auch ließe sich das Ganze nicht anders erkennen als durch alle Teile, und da machte das Genie bloß unzählige Mal, was der Philister nur Ein Mal, vervielfältigte bloß die Betrachtung; seine Erkenntnis wäre von der des Philisters nur quantitativ verschieden. Sie ist es aber qualitativ. Die Ideen sind das Objekt des Genies, in ihnen spricht sich das Leben aus, und sie sprechen sich überall im Leben aus: großer Erfahrung bedarf es da nicht, sondern die Art des Erkennens tut es; nicht die Menge der Erkenntnisse. Der Philister erkennt nach dem Satz vom Grund, d.h. er erkennt bloß die Relation der Dinge: das Genie erkennt das Ding an sich: und in der Kunst wiederholt es diese Erkenntnis. Übrigens gibt es zum Genie, wie zum Philister, nur Annäherungen in zahllosen Graden. (130)

*

Bei ästhetischer Betrachtung, oder auch Darstellung in der Malerei, der vegetabilischen und anorg[an]ischen Natur herrscht das Bewußtsein des reinen Subjekts des Erkennens vor: hingegen bei der Betrachtung oder Darstellung der Menschen und Tiere ist das Bewußtsein des Objekts, der erkannten Idee, die Hauptsache. Dies daher: weil die Pflanzen und bloße Materie als Erscheinungen des Willens, folglich als Idee, nicht sehr bedeutend sind, da sie nur niedrige Potenzen des Willens objektivieren: sie tragen darum einen unschuldigen Charakter: daher hier der ästhetische Genuß mehr darin besteht daß man sich seiner als reinen Subjekts des Erkennens bewußt wird. Tiere dagegen und noch mehr Menschen sind die vollsten Erscheinungen des Willens, sei es in seiner Befriedigung, in seiner Heftigkeit, Schrecklichkeit oder in seiner Wendung, wo er seine eigne Erscheinung verneint (welches der Geist der christlichen Malerei ist). Das Bewußtsein des Zuschauers als reines Subjekts des Erkennens ist hier also sehr untergeordnet, tritt zurück. Er wird sogar hingewiesen auf die Erkenntnis seines eignen Willens in der fremden Erscheinung. Die Idee des vom vollen Bewußtsein beleuchteten Willens ist es, die sich in der Historienmalerei ausspricht. (131)

*

Zur Erkenntnis der Idee gehört, daß ich bei Betrachtung eines Objekts wirklich von seiner Stelle in Zeit und Raum abstrahiere. Denn diese durch das Gesetz der *Kausalität* bestimmte Stelle ist es, die jenes Objekt mit mir als Individuo in ein Verhältnis setzt: durch Beiseitesetzung jener Stelle wird das Objekt zur Idee und ich zum reinen Subjekt des Erkennens.

Jedes Gemälde, schon dadurch, daß es den flüchtigen Augenblick für immer festhält, gibt nicht das Individuelle, sondern die Idee, das Dauernde in allem Wechsel. (132)

*

Reines Subjekt des Erkennens werden, heißt, sich selbst los werden: eben weil dies die Menschen meistens nicht können, sind sie der Kontemplation unfähig. (133)

*

Das Leiden ist Bedingung zur Wirksamkeit des Genius. Glaubt ihr, daß *Shakespeare* und Goethe gedichtet oder Platon philosophiert und Kant die Vernunft kritisiert hätte, wenn sie in der sie umgebenden wirklichen Welt Befriedigung und Genüge gefunden hätten, und ihnen wohl darin gewesen wäre und ihre Wünsche erfüllt worden? –

Erst nachdem wir mit der wirklichen Welt in gewissem Grade entzweit und unzufrieden sind, wenden wir uns um Befriedigung an die Welt des Gedankens.

»Nur das Leiden ja hebt über Dich selbst Dich hinaus.« – (134)

*

Einem Mann von Genie ist das Leben, wie ein Spaziergang an einem schönen Morgen: er findet die Natur in ihrer größten Schönheit, muß sich aber daran halten: denn sollte er Gesellschaft suchen: so wird sie nicht zu finden sein. (135)

*

Ein Mann von Genie kann schwerlich gesellig sein. Denn welche Dialogen sollten wohl so geistreich und unterhaltend sein, als seine Monologen? Greift er dennoch, aus Überdruß des Monologs, zum Dialog, so riskiert er, daß die Plattheit des Dialogs ihn dennoch wieder zum Monolog hinreißt, wobei dann die 2te Person nur eine stumme Rolle spielt. (136)

*

Wie wir in den Gesteinen der Urwelt die Gestalten der in ihr Lebendigen abgedruckt sehn und die Spur eines kurzen Daseins Jahrtausende stehn geblieben ist; so haben die Alten in ihren Komödien uns einen genauen und bleibenden Abdruck ihres ganzen Lebens und Daseins hinterlassen; so daß es den Schein hat, als hätten sie es mit Absicht getan, um von der schönen und edlen Existenz, deren Flüchtigkeit sie bedauerten, wenigstens ein dauerndes Denkmal auf die späteste Nachwelt zu bringen. Füllen wir diese auf uns vererbten Hüllen und Formen wieder mit Fleisch und Bein aus, so tritt jenes rege Leben des Altertums wieder frisch und froh vor uns hin: wie die alten Mosaikfußböden wieder ihre energischen Farben zeigen, wenn man Wasser darauf gießt. (137)

*

Wenn das Individuum Sorgen oder Schmerzen quälen, oder heftige Wünsche es martern, so liegt der Genius in Ketten, er kann sich nicht rühren: nur wenn Sorge und Wünsche schweigen, ist die Luft der Freiheit da, in der er leben kann, dann sind die Bande der Materie abgeworfen, der reine Geist bleibt übrig, das reine Subjekt des Erkennens. Daher, wen der Genius heimsucht, der bewahre sich vor Schmerzen, halte die Sorgen ferne, beschränke seine Wünsche;

aber die, welche er nicht unterdrücken kann, befriedige er völlig: nur so wird er sein seltnes Dasein zum größtmöglichsten Vorteil benutzen, zu seiner eignen Freude und der Welt Gewinn.

Zu kämpfen mit Not, Sorgen und versagten oder verpönten Wünschen ist ein gutes Tagewerk für Die, welche, wenn sie davon frei wären, mit der Langenweile zu kämpfen hätten und dadurch auf schlechte Streiche verfielen, nicht aber für Den, dessen wohlbenutzte Stunde Jahrhunderten Früchte bringt. Er ist (wie *Diderot* sagt) kein bloß moralisches Wesen.

Die Gesetze des Mechanismus gelten nicht mehr, wo der Chemismus wirkt, und die Gesetze dieses nicht mehr, wo organisches Leben angefacht worden; so gelten die Regeln für die gewöhnlichen Menschen, nicht für die Ausnahmen, so wenig als deren Genüsse diesen genießbar sind. (138)

*

Jeder Dichter stellt von der Natur, sowohl der menschlichen als der übrigen, grade so viel dar, als er davon begreift: darum sind viele so flach, einige schon tiefer, mit unzähligen Abstufungen, bis zum tiefsten Auffassen der Natur: und eben darum muß sich Jeder für vortrefflich halten, weil er dargestellt hat, was er erkannte, und sein Bild seinem Original gänzlich entspricht: auch muß er sich dem Besten gleich setzen, weil er in dessen Bilde auch nicht mehr erkennt als in seinem eignen, d. h. so viel als in der Natur selbst, da seine Augen nicht tiefer reichen.

Woran soll nun der Beste erkennen, daß er es ist? Daran, daß er sieht, wie flach der Blick der andern war, wie vieles noch dahinter lag, das sie nicht wiedergaben, weil sie es nicht sahen; und wie viel weiter sein Blick und sein Bild reicht. – Wenn der Beste, der Echte Künstler, die Flachen so wenig verstehn und beurteilen könnte, als sie ihn; so müßte er verzweifeln. Denn grade weil schon ein außerordentlicher Mann dazu gehört, um ihm Gerechtigkeit widerfahren zu lassen und die schlechten ihn so wenig schätzen können als er sie; muß er lange an seinem eignen Beifall zehren, ehe ihm der Beifall der Welt werden kann. (139)

*

Der Wille muß gänzlich in uns beschwichtigt sein, wenn die Erkenntnis deutlich und rein hervortreten soll. Denn obgleich die Erkenntnis aus dem Willen entsprossen ist und in seiner Erscheinung wurzelt, so wird sie doch durch ihn verunreinigt: wie die Flamme in ihrer Klarheit durch den Docht verunreinigt wird, von welchem sie Dasein und Nahrung hat. Wenn wir das wahre Wesen der Dinge, die Idee, die in ihnen sich ausspricht, auffassen sollen; so dürfen wir durchaus kein Interesse an ihnen haben, d. h. sie müssen in keiner Beziehung zu unserm Willen stehn. – Daher eben spricht uns die Idee leichter aus dem Bilde an, als aus der Wirklichkeit. Denn was wir nur im Bilde, oder in der Dichtung sehen, hat keine Wirklichkeit, ist daher außer aller Möglichkeit einer

Beziehung zu unserm Willen, dergleichen das Wirkliche immer hat, es kann also unsern Willen nicht erregen, sondern spricht rein zur Erkenntnis, wendet sich allein an diese. – Hingegen jedes Auffassen der Idee aus der *Wirklichkeit* setzt gleichsam ein Abstrahieren vom eignen Willen, ein Erheben über ihn voraus durch eine besondre Schwungkraft. Daher eben ist dieses nur Sache des Genies, welches ja eben darin besteht, daß ihm ein größeres Maß von Erkenntniskraft zugefallen ist als zum Dienst eines individuellen Willens vonnöten, daher dieser Überschuß frei vom Dienste des Willens erkennt. Daß also das Kunstwerk die Auffassung der Idee (die ja auch in der Wirklichkeit liegt) so sehr erleichtert, liegt nicht bloß an der Aussonderung des Wesentlichen und Reinigung desselben vom Unwesentlichen, noch auch zudem daran allein, daß im Spiegel der Kunst alles verdeutlicht und charakteristischer sich darstellt, sondern 3^{tens} auch daran, daß zum deutlichsten und rein objektiven Auffassen des Wesens der Dinge das gänzliche Schweigen des Willens erfordert ist, und dieses mit Sicherheit nur dadurch erreicht wird, daß das angeschaute Objekt gar nicht im Gebiet der Dinge liege, die eine mögliche Beziehung zum Willen haben können, also nichts Wirkliches sei, sondern ein bloßes Bild. (140)

*

Daß dem Genie die Unabhängigkeit seiner Person und freie Muße allen andern Gütern vorgehn müssen, ist gewiß. Denn die Genüsse und Ehren, die man durch Aufopferung seiner Freiheit und Muße erkauft, sind nur auf gewöhnliche Menschen berechnet, dem Genie völlig ungenießbar. Es ist bloß auf sich gewiesen, auf den Genuß seines eignen Geistes, dessen bloße Abdrücke und mumisierte Anschauungen noch der Nachwelt Genuß geben: mit seiner Muße und Freiheit gibt es aber sich selbst weg, darf nicht mehr sein, was der innre Geist fordert, sondern was den Zwecken der Menschen entspricht. Demnach ist nichts törichter als wenn ein Mann von Genie seine Zeit und Kräfte opfert, um Reichtum und Ehren zu gewinnen; denn es heißt, das einzige wahre Gut, das für ihn existiert, weggeben, um etwas Ungenießbares dafür zu erkaufen. Dem Mann von Genie hat die Welt nichts Besseres zu geben, nichts Edleres zu schenken, als eben ihn selbst: sie erteilt es, indem sie zuläßt, daß er seine Kräfte und seine Zeit unabhängig und uneingeschränkt ganz besitze.

Ist dieses einem Mann von Genie zufälligerweise geworden, so wäre es die größte, ja eine ihm unmögliche Torheit, wenn er jener Quelle der größten für ihn möglichen Genüsse sich entäußerte, um dafür die Güter zu erkaufen, mit denen die Andern sich behelfen müssen, Reichtum, Luxus, Rang und die Geselligkeit der großen Welt: – und doch hat Goethe diesem Allen seine schönsten Jahre geopfert. Ihm fehlte es an Mäßigkeit der Wünsche. (141)

*

Kunst ist alles was uns das Leben so zeigt, wie es eigentlich und wahrhaftig ist, aber durch die Nebel objektiver und subjektiver Zufälligkeiten hindurch nicht sich hervortun kann. Die Kunst zieht also eigentlich nur diese Nebel weg. (142)

*

Ich muß einräumen, daß im Trauerspiel der Alten der Geist der Resignation selten direkt hervortritt und ausgesprochen wird. Oedipus Kol: stirbt zwar resigniert und willig, doch tröstet ihn die Rache an seinem Vaterland. Die Iphigenia Aulika ist sehr willig zu sterben, doch ist es der Gedanke an Griechenlands Wohl, der sie tröstet und die Veränderung ihrer Stimmung hervorbringt, vermöge welcher sie zuerst auf alle Weise dem Tode entfliehen will und ihn als das größte aller Übel ansieht; nachher aber ihn willig übernimmt. Kassandra im Agamemnon des großen Aeschylos stirbt willig »αρκειτω βιος«; aber der Gedanke an Rache tröstet sie (»Es ist genug gelebt.« –) Herkules in den Trachinerinnen gibt der Notwendigkeit nach, stirbt gelassen aber nicht resigniert. – Eben so Hippolytos (Eurip:), bei dem es stark auffällt, wie die bloß ihn zu trösten erscheinende Artemis ihm Tempel und Nachruhm verspricht, aber durchaus auf kein Leben nach dem Tode deutet, und ihn im Sterben verläßt, weil alle Götter von dem Sterbenden weichen: (im Christentum treten sie zu ihm heran.) – Hippolyt, wie fast alle tragische Helden der Alten, zeigt Ergebung in das unabwendbare Schicksal und den unbiegsamen Willen der Götter, aber kein Aufgeben des Willens zum Leben selbst. Wie der Stoische Gleichmut von der Christlichen Resignation dadurch sich *toto genere* unterscheidet, daß er nur gelassenes Ertragen und gefaßtes Erwarten der unabänderlich notwendigen Übel lehrt, das Christentum aber Resignation, Aufgeben des Wollens; eben so zeigen die tragischen Helden der Alten standhaftes Unterwerfen unter die unausweichbaren Schläge des Schicksals, das christliche Trauerspiel dagegen Aufgeben des ganzen Willens zum Leben, freudiges Verlassen der Welt im Bewußtsein ihrer Nichtigkeit und Wertlosigkeit. Aber ich bin auch ganz der Meinung, daß das Trauerspiel der Neuern weit höher steht, als das der Alten: *Shakespeare* ist unendlich größer als Sophokles. Die Iphigenie des Euripides erscheint gegen Goethes Iphigenie roh und gemein. Die *Bachae* des Euripides sind ein empörendes Machwerk zu Gunsten der heidnischen Pfaffen. Viele Stücke haben gar keine tragische Tendenz und Wirkung, wie die Alceste und Iphigenia Taurika des Euripides. – Manche haben ekelhafte Motive, so die Antigone und Philoktet. Manche flößen Entsetzen ein, so die Medea des Euripides, auch die Antigone. Fast alle zeigen das Menschengeschlecht unter der entsetzlichen Herrschaft des Zufalls und Irrtums, aber nicht die dadurch herbeigeführte und davon erlösende Resignation. Alles, weil die Alten noch nicht zum Gipfel und Ziel des

Trauerspiels, ja der Lebensansicht überhaupt gelangt waren.

Wenn nun also gleich die Alten den Geist der Resignation, das Abwenden des Willens vom Leben an ihren tragischen Helden selbst als deren Gesinnung wenig darstellen, so bleibt nichts desto weniger die eigentliche Tendenz und die Wirkung des Trauerspiels, jenen Geist im Zuschauer hervorzurufen und jene Gesinnung, wenn auch nur vorübergehend, in ihm zu erregen. Die schreckliche Seite des Lebens wird vor die Augen gebracht, Zufall, Irrtum, Bosheit verderben die Edelsten und Besten: die Bitterkeit, Wertlosigkeit des Lebens und die Nichtigkeit alles seines Strebens tritt dem Zuschauer aus jenem objektiven Bilde entgegen: die Wirkung dieses Eindrucks muß sein, daß er inne wird (wenn gleich bloß im Gefühl, d.h. ohne abstrakten Ausdruck), es sei wohl getan sein Herz vom Leben loszureißen, seinen Willen davon abzuwenden, die Welt und das Leben nicht zu lieben, wodurch eben in ihm das Bewußtsein angeregt wird, daß es für ein anderartiges Wollen auch eine andre Art des Daseins geben muß. – Denn wäre dies nicht; wäre nicht jenes Erheben über alle Zwecke und Güter des Lebens, jenes Abwenden vom Leben und der Liebe desselben und dadurch mittelbare Hinwenden auf ein anderartiges, aber uns völlig unbekanntes Dasein, die Tendenz des Trauerspiels; wie wäre es dann möglich, daß die Darstellung der schrecklichen Seite unsers Daseins, im grellsten

Lichte, wohltätig auf uns wirken, ein hoher Genuß für uns sein könnte? – Anregung zur Abwendung des Willens vom Leben bleibt also der Zweck des Trauerspiels, der Zweck der absichtlichen Darstellung der Leiden der Menschheit, und ist es also auch da, wo diese resignierte Erhebung des Geistes nicht am Helden selbst gezeigt, sondern bloß im Zuschauer hervorgebracht wird, durch den Anblick großen unverschuldeten, ja selbst auch verschuldeten Leidens. Die Alten und oft auch die Neuen begnügen sich, rein objektiv verfahrend, jene geschilderte Stimmung durch Darstellung des Leidens der Menschheit im Zuschauer zu erwecken; manche Trauerspiele der Neuern stellen aber diese moralische Wirkung des Leidens an ihren Helden selbst dar, ja einige lassen sie als Reflexion vom Chor aussprechen: z.B. Schiller in der Braut von Messina. Jene Ersteren, rein objektiv verfahrenden geben gleichsam nur die Prämissen und überlassen das Ziehen der Konklusion dem Zuschauer selbst. Die letzteren hingegen geben die Konklusion mit, entweder als veränderte Gesinnung des Helden, oder als Betrachtung im Munde des Chors. (143)

*

Das Unverletzliche, Unabsichtliche der Werke des Genies folgt schon aus der Erklärung, daß die geniale Erkenntnis die vom Willen ganz abgesonderte, völlig willensreine, willenslose ist. (144)

*

Der Intellekt ist ein sauer beschäftigter Manufakturarbeiter, den sein vielfordernder Herr (der Wille) vom Morgen bis in die Nacht beschäftigt. Kommt aber dennoch dieser getriebene Fronknecht dazu, in einer Feierstunde ein Stück seiner Arbeit freiwillig, aus eignem Antrieb und bloß zu eigner Ergötzung zu verfertigen: – dann ist dieses das echte *Kunstwerk*, das *Werk des Genies*. (145)

*

Die Lust am *Trauerspiel* gehört nicht zu der am *Schönen*, sondern zu der am *Erhabenen*. Die schreckliche Seite des Lebens wird uns vorgeführt, die unserm Willen gradezu widerstreitende Beschaffenheit der Welt und des Daseins wird uns offenbart: dadurch wendet sich der Wille vom Leben ab, wir hören auf, es zu wollen und zu lieben, und fühlen, daß dabei dennoch etwas anderes an uns übrig bleibt, das sich nicht vorstellen, sondern nur negativ erkennen läßt als nicht seiend, der Wille zum Leben. Hierin wirkt das Trauerspiel analog dem dynamisch Erhabenen, indem es wie dieses uns über den Willen zum Leben und seine Zwecke erhebt und uns eine Freude finden läßt am Anblick der ihm gradezu entgegenstehenden Erscheinungen. (146)

*

Das reine *Subjekt des Erkennens* ist das ewige Weltauge, das aus allen lebenden Wesen sieht, von ihrem Wechsel, Entstehn und Vergehn unberührt und daher unvergänglich: so als identisch mit sich, d. h. als Eines und Dasselbe, trotz jenem Wechsel seiner Träger, betrachtet, ist es das reine Subjekt, dessen Objekte eben so unwandelbar sind als es selbst, nämlich die Ideen: während das unreine, d. h. individuelle und durch die Individualität getrübte Subjekt die einzelnen Dinge zum Objekt hat, die vergänglich sind, wie es selbst vergänglich ist. (Vom physischen Standpunkt aus ist das Subjekt die höchste Effloreszenz der Organisation.) (147)

*

Wie die Sonne eines Auges bedarf, um zu leuchten, die Musik eines Ohres um zu tönen; so bedarf ein schönes Werk eines schönen Geistes, ein gedachtes Werk eines denkenden Geistes, um zu sein, was es ist: und ein geschautes Werk bedarf gar eines schauenden Geistes! – Die können sich suchen auf dieser dem Nutzen frönenden Welt, wie weiland Amandus er und Amanda sie, welche vor Freuden starben als sie sich fanden. Wer ein solches Werk in die Welt schickt, dem kann nachher zu Mute werden wie einem Feuerwerker, der sein Feuerwerk mit Enthusiasmus abgebrannt hat und nachher benachrichtigt wird, daß sämtliche Zuschauer Zöglinge der Blindenanstalt gewesen. (148)

*

Ein Genie ist ein Mensch, in dessen Kopfe die Welt als Vorstellung mit einem Grad mehr Helligkeit und Deutlichkeit ausgeprägt steht: und da nicht die sorgfältigste Beobachtung des Einzelnen, sondern nur die Intensität der Auffassung des Ganzen den Stoff zur tiefsten Einsicht gibt, so erwarten die Menschen von ihm die wichtigste Belehrung, er gibt sie bald in dieser bald in jener Form und er ist das Außerordentlichste und Interessanteste auf Erden. (149)

*

Der Mensch von Genie ist nicht, gleich den Übrigen, ein bloß moralisches Wesen; sondern er ist der Träger des Intellekts einer Welt und mehrerer Jahrhunderte. (Die Bemerkung steht in der Vorrede des *Neveu de Rameau in Œuvres inédites de Diderot.)* Er lebt daher mehr der Andern als seiner Selbst wegen. (150)

*

Die einfachste und wahrste Definition der Poesie möchte wohl die sein, daß sie ist die Kunst, die Einbildungskraft ins Spiel zu bringen, zu erregen.
In der Phantasie stehn die Dinge reiner ausgeprägt als in der Wirklichkeit; weil wir nur das Bedeutsame aufbehalten: nur dieses drückt sich ein. (151)

*

Die Störungen, welche dem reinen Intellekt der Wille stets bereitet, lassen sich in 2 Klassen bringen: Sorgen und Leidenschaften. Jene sind das Fliehen vor meistens wirklichen Übeln: diese das heftige Verfolgen eingebildeter Genüsse. – Beide heben die freie Tätigkeit des Intellekts auf. Meistens ist es das eine von beiden, welches uns vor den andern bewahrt.

Will das Schicksal ein Genie Früchte tragen lassen; so führte es solches die schmale Straße zwischen beiden durch, welches jedoch wohl nie in so grader Linie gelingen wird. (152)

*

Die Werke der Dichter und darstellenden Künstler überhaupt enthalten deswegen einen solchen Schatz tiefer Weisheit, weil aus ihnen die Weisheit der Natur oder Welt selbst redet, deren bloße Wiederholung und verdeutlichte Darstellung ihre Werke ja sind. Freilich muß Jeder, der das Gedicht liest, oder das Kunstwerk betrachtet, diese Weisheit auf eigene Kosten zu Tage fördern, indem er nur so viel davon faßt, als sein angebornes Verständnis und seine Bildung zuläßt, wie ins bodenlose Meer jeder Schiffer seine Sonde so tief eintaucht als sie lang ist. Jeder steht vor ihnen wie man vor Fürsten steht, die man nicht anredet, sondern abwartet, ob sie uns anreden und was sie uns sagen werden. Dafür aber ist in den Werken der Künstler Jedem doch immer etwas faßlich: dringt er nicht in die Tiefe, so genügt seinem Geiste eben die Oberfläche, über die er nicht hinaus kann. Nach Maßgabe seiner Fernsichtigkeit ründet sich einem Jeden der Himmel zu einer Hohlkugel, sie sei größer oder kleiner. Eben so genügt das selbe Kunstwerk Menschen von den verschiedensten Fähigkeiten. Das Werk eines Philosophen setzt dagegen eine bestimmte Tiefe des Verständnisses voraus: wer nicht so weit eindringt, daß er es ganz ermißt, hat wenig oder nichts daran; reicht hier die Sonde nicht bis auf den Grund, so leistet sie gar nichts. Dies wie überhaupt, daß er geradezu belehren und nicht wie jene zunächst ergötzen will, trägt bei, sein Publikum so klein zu machen: (und nichts erschwert so die richtige Schätzung als die Kleinheit des Publikums.) Dafür aber ist der Gewinn aus der Philosophie gleichsam ein barer und schon realisierter, ein für alle Mal bleibender und fixer, während der Gewinn aus Kunstwerken nur ein stets neu zu erzeugender ist, sich zu jenem verhaltend wie eine Blume zu einem Edelstein. Der eine ist die Sache selbst; der andre nur ein Mittel zu ihrer Erlangung. Kurzum die Werke der darstellenden Künste enthalten alle Weisheit, aber nur *virtualiter* oder *implicite;* – die Philosophie dagegen gibt, was sie gibt, *explicite* und *actualiter:* jene sind die Trauben, diese der Wein. (153)

*

Das Talent arbeitet für Geld und Ruhm: aber die Triebfeder, welche das Genie zur Ausarbeitung seiner Werke bewegt, ist nicht so leicht zu erklären: es ist nicht der Ruhm: das können nur Franzosen meinen. Der Ruhm ist zu unsicher und in der Nähe betrachtet von zu geringem Wert: – *nulla est fama tuum par aequiparare laborem:* – auch ist es nicht das eigene Ergötzen; denn dies wird von der großen Anstrengung überwogen. Vielmehr ist es ein Instinkt ganz eigener Art, vermöge dessen das geniale Individuum getrieben wird, sein Schauen und Fühlen in dauernden Werken auszudrücken, ohne sich dabei eines fernern Motivs bewußt zu sein. [...]

Offenbar hat dieser Trieb, sofern in ihm das Individuum sich für die Gattung opfert und mehr in dieser als in sich selbst lebt, Ähnlichkeit mit den dem Menschengeschlechte eigenen Modifikationen des Geschlechtstriebes, die nämlich diesen auf einzelne Individuen des andern Geschlechts ausschließlich richten, wodurch die eigentümlichen Zwecke der Gattung als solcher erreicht werden, hingegen die dabei aktiven Individuen durch leidenschaftliche Liebe und daraus entspringende unvorteilhafte Verbindungen, ja überhaupt durch das eheliche Leben, gewissermaßen sich für die Gattung aufopfern, mehr den Zwecken der Gattung als des Individuums dienen.

Jener Instinkt des Genies tut dasselbe auf der Seite der Vorstellung, also auf erhabenere Art, was die leidenschaftlich Liebenden auf der Seite des Willens. In beiden Arten fällt für die der Gattung also dienenden Individuen eigentümlicher Genuß und eigentümliche Qual ab: sie leben in erhöhter Potenz.

Das Genie, welches auf seine Weise schon einmal für die Gattung lebt, ist weder geeignet, noch berufen, es auch auf die andre Art zu tun. – Sonderbar genug, daß die Perpetuierung des Namens sich an beide Arten knüpft. (154)

*

Wenn man erwägt, wie über alle Berechnung selten die theoretisch großen Männer sind, d.h. solche, die den Ruhm der Werke haben, die sich Jahrhunderte hindurch behaupten; wie hingegen die praktisch großen Männer, die den Ruhm der Taten haben, also Alle die eine bedeutende historische Rolle spielen, bei Weitem so selten nicht sind, vielmehr jede Zeit große Staatsmänner und Feldherren aufzuweisen hat; so leitet dieses, wie so manches Andre, darauf hin, daß zwischen Beiden ein fundamentaler Unterschied sein muß: Ich glaube, es ist dieser: Beide, die Taten-Männer und die Werke-Männer sind es dadurch, daß sie richtigere Erkenntnis haben als alle übrigen: Die richtigere Erkenntnis der Ersteren aber betrifft das Einzelne; die der Letztern das Allgemeine: Allerdings ist dies nur *a potiori* zu verstehn; denn daß die Taten-Männer lauter Einzelnes und die Werke-Männer lauter Allgemeines erkennten, ist unmöglich; da wären jene Tiere und diese mehr als Menschen: auch die Ersteren erkennen das Allgemeine, aber nur zum Behuf der Erkenntnis des Einzelnen: und eben so erkennen die Andern auch das Einzelne, aber nur zum Behuf des Allgemeinen; dies bleibt ihr Augenmerk, wie den Ersteren das Einzelne. Dies ist überhaupt die Scheidewand zwischen dem eigentlichen Genie und allen Übrigen, die Tatenmänner mitbegriffen: Die Erkenntnis des Genies ist immer auf das Allgemeine gerichtet; die der Andern immer auf das Einzelne:

jenem ist es nur mit dem Allgemeinen, diesen nur mit dem Einzelnen ganzer Ernst. Man sieht, daß dies kein bloßer Unterschied der Quantität oder des Grads ist, sondern wirklich ein qualitativer, wie man einen solchen auch immer gemutmaßt hat. Im Ganzen also sind Begriffe und Ideen die Sphären dieser; die der Andern sind reale einzelne Dinge und Fälle. Beide Sphären sind so getrennt, daß selten oder nie Einer in beiden groß ist, vielmehr wer in der Einen exzelliert, in der andern zurückstehn kann. Das Allgemeine ist entweder Begriff oder Idee: seine Erkenntnis liefert im ersten Fall Wissenschaft, im 2ten Kunst. Nur das Allgemeine, also Ideen und Begriffe, im objektiven Sinn verstanden, ist in allen Zeiten dasselbe; daher nur aus einer richtigen und überlegenen Auffassung desselben Werke hervorgehn können, die zu allen Zeiten ansprechen und daher bleibend sind. Wenn gleich der Dichter und der bildende Künstler ein Individuum zum Gegenstand seiner Darstellung macht; so ist es doch nicht dieses als ein Einzelnes, was er darstellt, sondern die Idee der Menschheit von dieser Seite gefaßt, also immer ein Allgemeines: sonst wäre das Jahrtausende hindurch bleibende Interesse an demselben nicht möglich: denn nur das Allgemeine, die Idee und der Begriff, sind unabhängig von der Zeit und unveränderlich: das Einzelne als solches ist nur ein Mal da, und das Interesse daran vorübergehend.
Das Einzelne in seiner Einzelnheit ist nur ein Mal da,

muß aber sobald es kommt, richtig und nach allen Seiten genau gefaßt und beurteilt sein, von dem, der es lenken und beherrschen will. Eben dieserhalb scheint die Natur in Hervorbringung vorzüglicher Männer dieser Art weniger karg zu sein, weil Jeder nur wirkt, so lange er da ist. Der Ruhm der Taten-Männer ist bei der Mitwelt viel ausgebreiteter und lauter als der der Werke-Männer: allein er verhallt vor der Nachwelt, als bei der es sich umgekehrt verhält: da sind die Werke-Männer noch in ihrer vollen Wirksamkeit da, wie zu ihren Lebenszeiten, ja mehr: sie selbst, ja die Quintessenz ihrer Selbst, lebt und wirkt fort, Jahrtausende hindurch: während die Taten-Männer, bald nach ihrem Abtreten, aus dem Gedächtnis der Menge verschwinden, und nur im Hades der Geschichte ihr Schatten eine Schein-Existenz fortführt, als ihr bloßes Bild. Sie haben eine bloße Namens-Unsterblichkeit; die Werkemänner hingegen eine Geistes-Unsterblichkeit. An jenen historischen Namen knüpft sich eine stets mehr oder weniger, oft aber sehr verfälschte Tradition.

Der gewöhnliche Mensch hat nur wenig Sinn und Interesse für das Allgemeine jeder Art; das Einzelne ist seine Sache: sein Erkennen, selbst wenn es sich, wie es als vernünftiges nicht umhin kann, auf das Allgemeine richtet, hat stets eine entschiedene Neigung zum Einzelnen. Diese ist ihm natürlich, weil die Objekte des Willens im Einzelnen liegen und der Intellekt ursprünglich, folglich in der Regel nur zum

Dienst des Willens da ist. Tiere erkennen allein das Einzelne. Das Genie hat umgekehrt eine beständige Neigung, sich auf das Allgemeine zu richten, selbst wenn für den Augenblick das Einzelne sein Gegenstand ist. Jene gleichen dem Stein, der wenn auch in die Luft geworfen, doch zurück zur Erde strebt; diese dem gefüllten Bal[l]on, der, wenn auch unten festgehalten, beständig nach oben strebt. Die Taten-Männer sind daher von den Übrigen nur dem Grade nach verschieden; die Werke-Männer sind es der Art nach: daher verdienen sie allein den Namen des Genies. Bei ihnen sind die Zwecke der Natur gewissermaßen vereitelt und überflügelt. Diese nämlich bringt der Intellekt nur hervor zum Dienst eines individuellen Willens, dem als solchem nur die einzelnen Dinge real sind; nicht zur Auffassung des Allgemeinen in der Idee und sodann in Folge dieser (bei Philosophen) im Begriff. Daher die spezifische Verschiedenheit des Menschen von Genie, die Abnormität seines Wesens, der Mangel an Weltklugheit, an Mäßigung u. dgl. m. Denn seine Überlegenheit liegt in einem ganz andern Felde als das wirkliche Leben, sie betrifft das Allgemeine, während dieses nur das Besondre kennt: er steht im wirklichen Leben oft zurück, ist dazu untauglich. Der Taten-Mann hingegen ist dasselbe, was alle Andern sind, nur vollkommner und in höherm Grade, seine Überlegenheit verleugnet sich nie: sie zeigt sich im Kleinen des wirklichen Lebens, wie im Großen; da Beides der Art

nach nicht verschieden ist. – Die Erkenntnis des Einzelnen, durch deren Vorzüglichkeit man ein Tatenmann wird, ist dem Instinkt näher verwandt, als die Erkenntnis des Allgemeinen: jene erkennt die Dinge vermöge einer Verwandtschaft mit ihnen, und faßt sie nicht so fremd und objektiv auf wie die Erkenntnis des Allgemeinen.
Zu diesem Allen ist jedoch noch zu bemerken, daß die Befähigung zum Tatenmann nicht wie die zum Mann der Werke allein im Intellekt liegt, sondern größtenteils im Willen, d.h. im Charakter, dieser muß fest, mutig, entschlossen sein, und er ist die Bedingung unter welcher die angeführten intellektuellen Vorzüge den Tatenmann hervorbringen. Sogar der Mann der Werke ist gewissermaßen auch durch den Willen, d.h. den Charakter, bedingt, aber nur sehr indirekt, sofern nämlich eine gewisse Heftigkeit und Leidenschaftlichkeit Bedingung des Genies ist, wenn gleich nur so wie der Mist Bedingung der Zierpflanze. (155)

*

Obgleich zu allen Zeiten die Gorgiasse Protagorasse und Hippiasse oben auf sind, die Sokratesse unten, und stets die Narren das große Wort haben, und es unmöglich scheint, daß durch ihren Chorus die Stimme des Einzelnen je durchdringe; so bleibt doch allezeit den Werken des Genius ihre eigene, mächtige, stille Wirkung, und wie durch ein Wunder sieht man sie endlich sich erheben, gleich einem Luftballon, der aus der dicken Atmosphäre dieses Erdenraumes, welcher sein Inhalt nicht homogen ist, in reinere Regionen emporschwebt: ein Mal aber oben, bleiben sie stehn, und kann sie keiner mehr herabziehn. (156)

*

Das ist der Fluch des Menschen von Genie, daß in demselben Maß, als er den Andern groß und bewundernswürdig erscheint, sie ihm klein und erbärmlich vorkommen: diese Meinung muß er sein Leben lang unterdrücken; und mit der ihrigen halten sie es meistens eben so. Inzwischen ist er verdammt, in einer öden Welt zu leben, wo er nicht auf seines Gleichen trifft, wie auf einer Insel, die keine andern Bewohner hat, als Affen und Papageien. Und dabei neckt ihn ewig die Täuschung, daß er von weitem einen Affen für einen Menschen ansieht.

So sehr das *vulgus* sich freut an den Menschlichkeiten und Schwächen großer Männer, wodurch solche als seines Gleichen erscheinen; so sehr betrübt es den großen Geist, wenn er an die Verwandtschaft mit Jenen durch menschliche Schwäche erinnert wird. (157)

*

Freilich müßte der Selbstgenuß, den das Genie an sich und seinen Schöpfungen hat und die Kleinheit, in welcher ihm die Menschen erscheinen, es so erhaben stimmen, daß es gegen den Ruhm, bei diesem Geschlecht, völlig gleichgültig würde, er möchte vorhanden sein oder nicht. Aber diese Welt trägt keine Ideale: ihre Genies bleiben Menschen, haben Schwächen, unter denen die Begier nach Ruhm noch lange nicht die größte ist. (158)

*

Die gewöhnlichen Leute sind gänzlich auf das Sein hingewiesen; das Genie hingegen lebt und webt hauptsächlich im Erkennen. Hieraus entspringen 2 Unterschiede. Erstlich: sein kann man nur Eines; erkennen hingegen Unzähliges, mit welchem Allem man sich dadurch gewissermaßen identifiziert, indem man des *Esse objectivum (Spin[oza])* desselben teilhaft wird. Zweitens: Alle Dinge sind herrlich zu sehn, aber schrecklich zu sein: jedes Lebende quält sich, um da zu sein. – Aus dem ersten Unterschied folgt, daß das Leben der gewöhnlichen Leute wesentlich höchst langweilig ist: demgemäß sieht man die Reichen gegen die Langeweile einen eben so beschwerlichen und rastlosen Kampf führen, wie der ist, den die Armen gegen die Not führen. Aus dem zweiten Unterschiede aber folgt, daß auf dem Leben der gewöhnlichen Leute ein dumpfer, trüber, eintöniger Ernst liegt, während auf der Stirn des Genies eine Heiterkeit eigner Art glänzt, welche, obschon seine Schmerzen heftiger sind als die der Gewöhnlichen, doch immer noch durchbricht, wie die Sonne durch Regenwolken; welches am sichtbarsten wird, wenn man das Genie mit den Andern in gleicher Bedrängnis erblickt: da erkennt man, daß es zu diesen sich verhält, wie der Mensch, dem allein das Lachen zusteht, zu den in dumpfem Ernst dahinlebenden Tieren. (159)

*

Die eigentliche Würde des Menschen von Genie und großem Geiste, Das, was sie über die Andern erhebt und sie der Verehrung wert macht, ist im Grunde Dieses, daß in ihnen der allein lautere und unschuldige Teil des menschlichen Wesens, der Intellekt, das Überwiegende und Vorwaltende ist; während an den Übrigen nichts ist als der sündige Wille, mit so viel Intellekt, als erfordert ist, seine Schritte zu lenken, selten etwas mehr, sehr oft etwas weniger. Was hat man daran? (160)

Geschichte

Der angemessenste, d.h. der wahrhaft philosophische, Stil für die Geschichte ist der ironische. Der Stil des Tacitus ist bitter-ironisch. (161)

*

Ich weiß mir keinen schönern Einwurf gegen den Wert alles Geschichtsstudiums, als daß man den Historikus frägt: »Und wenn ich nun gelebt hätte, ehe alle diese Dinge sich zutrugen: hätte ich dann notwendig weniger weise werden müssen?« – Sodann diesen: der Stoff der Geschichte ist unendlich, wie bekannt: d.h. beim Studium derselben ist durch alles, was man davon erlernt hat, die Summe des noch zu Erlernenden durchaus nicht vermindert. – Bei allen eigentlichen Wissenschaften ist eine Vollständigkeit des Wissens doch wenigstens abzusehn. – Wenn die Geschichte China's und Indiens uns offen stehn wird, wird die Unendlichkeit des Stoffs das Verfehlte des Weges offenbaren und die Wißbegierigen zwingen einzusehn, daß man im Einen das Viele, im Fall die Regel, in der Kenntnis der Menschheit das Treiben der Völker erkennen muß nicht aber Tatsachen aufzuzählen ins Unendliche. (162)

*

Die Geschichte zeigt uns das Leben der Nationen: aber sie erzählt nichts als Kriege: die friedlichen Jahre kommen nur als kurze Rastzeiten, Zwischenakte, dann und wann vor. So finden wir das Leben der Nationen als ein[en] beständigen Kampf: und so ist das Leben des Einzelnen auch: es geht immer von einem Kampf zum andern. Man lebt in beständigem Kampf und stirbt den Degen in der Hand. *On ne vit qu'à la pointe de l'épée, & on meurt les armes à la main. Volt.* (163)

*

Man kann die Geschichte als eine Fortsetzung der Zoologie betrachten, indem bei den sämtlichen Tieren die Betrachtung der Species zureicht, der Mensch aber allein einen Individual-Charakter hat, deshalb hier die Individuen und individuellen Begebenheiten selbst kennen zu lernen sind, da letztere allein zur Kenntnis der ersteren führen. Es ergibt sich, daß die Geschichte wesentlich unvollkommen sein muß, da man nie alle Individuen kennen lernen kann, und auch endlos. (164)

*

Der Geschichte bedürfte es zur Philosophie, also zum Verständnis des Wesens des Lebens?! Nur hineinzusehn braucht man in die Welt, gleichviel wo, aber mit klaren Augen, um das Wesen des Lebens zu erkennen, Not, Tod und als Köder die Wollust – diese die Sünde, das Leben die Buße: das ist's überall und in allen 10000 kaleidoskopisch wechselnden Gestalten. Am Durchschnitt erkenne ich den ganzen Marmor und brauche nicht dessen Adern zu verfolgen: der Durchschnitt aber zeigt überall Dasselbe. (165)

Musik

Die Musik, abgesehn von ihrer ästhetischen Bedeutung, ist dann nichts Anderes als das Mittel, wodurch größere Zahlen und zusammengesetztere Zahlenverhältnisse, die wir sonst überall nur mittelbar und *in abstracto* erkennen, zur unmittelbaren anschaulichen Vorstellung gebracht werden.
Und dennoch haben wir die Musik erkannt als die Darstellung des innern Wesens der Welt, als die Wiederholung des Willens, dessen Objektivität sie so unmittelbar als die Welt selbst ist, jedes auf andre Weise, so daß eine vollkommne Erklärung der Musik und eine vollkommne Erklärung der Welt gleichlautend sein müßte. Wenn wir nun diese beiden so kontrastierenden und doch als zugleich wahr gegebenen Ansichten der Musik vereinigen; so erhalten wir einen Begriff von der Möglichkeit einer Zahlenphilosophie, wie die des Pythagoras gewesen sein soll und auch die im *Y-king* der Chinesen. (166)

*

Populär redend könnte man sagen: Die Musik im Ganzen ist die Melodie, zu der die Welt der Text ist. (167)

*

Daß die Musik als ein so ganz vertrautes und doch ewig fernes Paradies an uns vorüberzieht, daß sie uns völlig nah und doch ewig fern, eigentlicher, daß sie uns vollkommen verständlich und doch von unserm Wesen und unsrer Umgebung so grundverschieden ist; dies kommt daher: daß, was sie ausdrückt, die innersten Regungen unsers Willens, d.h. unsers Wesens, sind und daß sie diese genauer und eng angepaßter als irgend eine andre Kunst ausdrückt und wiedergibt, dabei zugleich aber, wie jede Kunst, auf dem vom Willen *toto genere* verschiedenen Gebiet der Vorstellung bleibt, woselbst zwar das ganze und vollkommne Abbild des Willens möglich und durch sie wirklich ist, der Wille selbst aber und mit ihm alle Qual fern bleibt: daher der Konstrast zwischen dem so genau verständlichen und doch so fremden und fremdseligen Wesen der Musik. (168)

*

Eine Beethovensche Symphonie zeigt uns die größte Verwirrung vereinigt mit der vollkommensten Ordnung, den heftigsten Kampf, der sich im nächsten Augenblick zur schönsten Einigkeit gestaltet; und so ist sie ein treues und vollkommnes Abbild des Wesens der Welt, welche dahin rollt im unübersehbaren Gewirr zahlloser Gestalten und durch stete Zerstörung sich selbst erhält. (169)

*

Die Musik redet nicht von Dingen: sie redet von lauter Wohl und Wehe (die einzigen Realitäten für den Willen) und darum spricht sie so sehr zum Herzen: während sie dem Kopf unmittelbar nichts zu sagen hat. (170)

Moral – Recht – Gesellschaft

Moral, durch Religion oder Philosophie beigebracht, kann uns nicht besser machen: das ist gewiß. Aber besonnener kann sie uns machen, indem sie das, was, der Vernunft fremd, aus dem bessern Bewußtsein stammt, durch Abstraktion, der Vernunft als Maximen gibt, unter welche alles Handeln zu bringen ist, und welche Maximen uns immer auch dann, wenn Begierden und Affekten in uns wirken, gegenwärtig sind, während die Quelle, aus der jene Maximen geflossen sind, in solchen Zeiten stockt. – Solchergestalt nun bessert Moral, durch Religion oder Philosophie mitgeteilt, unser Handeln, wenn gleich nicht uns: wir würden ohne sie nicht schlechter sein, aber schlechter handeln, und mehr reuen. Wir kommen durch jene abstrakte Moral eigentlich nur in den Stand, unsre Vernunft besser zu brauchen, planmäßiger, einiger mit uns selbst und konsequenter zu handeln. Wie sollte aber das Werk der bloßen Vernunft bessern! –

– Wir selbst sind also dadurch nicht gebessert: obwohl es unser Handeln ist. Dies Paradoxon ist wahr. Das Anstößige davon löst sich auf durch die Betrachtung, daß nicht die Werke selig machen, sondern der Glaube. (d.i. das bessre Bewußtsein.) (171)

*

Wer vermißt noch die vergeltende Gerechtigkeit? Was der Böseste am meisten fürchtet, ist ihm gewiß: der Tod. Dem Besten ist er wohl auch gewiß, aber er fürchtet ihn nicht, weil er das Leben nicht will. Der Böseste sein heißt ja nichts, als am meisten leben wollen. (172)

*

Warum wäre der Tod eines Philisters und gemeiner Seele bedeutender als sein Leben? Er war lauter zäher matter Willen zum Leben. Das endet: was ist da mehr? wo Teufel soll seine Verklärung herkommen? (173)

*

Wenn ein Mensch um sein Wohlsein beträchtlich zu vermehren, das eines Andern beträchtlich vermindert, diesen also in den Zustand des Leidens versetzt; so stört den Genuß des Erstern, wenn auch nur auf einen Augenblick, eine Pein eigner Art, die man einen Gewissensbiß nennt. Diese ist das undeutliche dunkle Bewußtsein von Folgendem:

1) Daß nur für die Vorstellung, nicht an sich, nur vermittelst der Form der Vorstellung, nämlich des *principii individuationis*, welches die *Maja* ist, er, der Verursacher fremden Leidens, vom Leidenden verschieden ist: hingegen an sich, in dem, was die Welt noch anders als Vorstellung ist, beide der Eine Wille zum Leben sind, und so der Leidende und der das Leid verhängt, nur Einer. Daß also, durch die Blen-

dung der *Maja*, der Wille zum Leben mit sich selbst in Widerstreit gerät, indem er in der einen seiner Erscheinungen gesteigertes Wohlsein suchend, eben dadurch in der andern großes Leiden hervorbringt, welches doch auch nur er selbst dulden muß, wodurch er büßt für die Verletzung der ewigen Gerechtigkeit, die eben hier ihre Quelle hat. Denn die zeitliche Gerechtigkeit geht eben nur vom *principio individuationis* und also vom Egoismus aus: denn das Individuum, mit Vernunft begabt, will für sich selbst sorgen, indem es den Vertrag macht, daß keiner den Andern verletze: diese zeitliche Gerechtigkeit ist Quelle des Naturrechts. Aber die ewige Gerechtigkeit ist das Durchschauen des *principii individuationis*, wodurch erkannt wird, daß der Quäler und der Gequälte an sich nicht verschieden sind, und der heftige Wille zum Leben den Widerspruch mit sich selbst, in den er gerät, selbst büßen muß und die Wollust mit der Qual bezahlt.
2tens erkennt Jener, den wir hypostasieren, die Heftigkeit des Willens zum Leben, dessen Erscheinung er ist und dessen Erscheinung auch der Gequälte und dessen Qual ist: er erkennt, daß in ihm ein so heftiger Grad dieses Willens erscheint, daß er in der Bejahung des eigenen Leibes bis zur Verneinung des fremden geht. (174)

*

Ich habe gesagt, Unrecht bedeutet das Handeln, in welchem die Bejahung meines eignen Leibes so weit geht, daß sie zur Verneinung des als fremder Leib erscheinenden Willens wird. Es frägt sich: was heißt und wie weit geht die bloße Bejahung des Leibes? Den Willen, sofern er als Leib erscheint oder den Leib, sofern er Erscheinung des Willens ist, bejahen, heißt die Erhaltung dieses Leibes mittelst Anwendung von dessen eignen Kräften wollen. Demnach fängt das Unrecht erst an, wo ich entweder den fremden Leib verletze oder seine Kräfte zu meinem Dienst in Anspruch nehme. Letzteres tue ich auch dann, wann ich sein Eigentum angreife. Denn sein rechtliches Eigentum ist bloß das durch seine Kräfte bearbeitete. – So weit geht eigentlich das Naturrecht: welcher Name den rechtlichen Zustand bezeichnen soll, wo noch nicht Verträge und weitläufig übertragenes Eigentum ist.

So lange ich die angegebene Grenze nicht überschreite, tue ich nicht Unrecht, folglich ist all mein Tun dann doch immer recht. Dabei kann ich grausam und teuflisch sein: dem Versinkenden Hülfe versagen und kaltblütig zusehn: im Überfluß an rechtlich erworbenem Eigentum Andre tothungern sehn.

Jenes ursprüngliche Eigentumsrecht und dessen Unverletzlichkeit geht nachher über auf Alles durch Schenkung oder Verträge erworbene Eigentum: weil jeder über sein rechtliches Eigentum uneingeschränkt disponieren, also es auch übertragen kann. Auch ohne den Staat läßt sich dergleichen denken, mit Voraussetzung der ethischen Gesinnung, das Recht zu achten. (175)

*

Reue ist nur möglich durch verbesserte, berichtigt[e] Erkenntnis, nämlich dessen, was als Motiv das Handeln bestimmt hat. Der Wille selbst aber, sofern er im Individuo erscheint, geht aller Erkenntnis vorher, ist von ihr unabhängig und erhält von dieser bloß die Motive, an denen er in die Sichtbarkeit tritt. Er liegt außer der Zeit und ist unveränderlich, so lange er ist. Ich kann also nie bereuen, was ich gewollt habe, denn ich bin dies Wollen selbst, und es ist dasselbe, was es je war. Aber mein Handeln kann durch falsche Erkenntnis irre geleitet sein; diese ist jetzt berichtigt, und ich bereue, anders gehandelt zu haben, als meinem Willen eigentlich gemäß war: z. B. durch übertriebene Vorstellungen von der Not, in der ich selbst war, oder von der Falschheit und Bosheit Anderer u. s. w. egoistischer gehandelt zu haben, als meinem Willen gemäß ist: oder umgekehrt durch zu gutes Zutrauen zu Andern, oder Unkenntnis des relativen Werts der Güter, oder durch irgend [ein] theologisches oder moralisches abstraktes Dogma, das ich nunmehr für falsch und chimärisch erkenne, weniger egoistisch gehandelt zu haben, als mein Wille es mit sich bringt. In allen diesen Fällen hat Reue statt, geht also immer aus berichtigter Erkenntnis hervor, nicht aus Änderung des Willens. Denn ändern kann sich dieser eigentlich nicht, wohl aber sich ganz aufheben.

Die Gewissensangst über das Begangne, ist nicht Reue, vielmehr ist sie das Bewußtsein der Gewalt des Willens in mir, des Übermaßes, mit de[m] ich das Leben bejahe; sie ist aber eben nur dadurch, daß ich weiß, daß mein Wille noch immer derselbe ist: wäre er geändert, so könnte mich das Vergangene gar nicht ängstigen, da es Äußerung eines Willens ist, der nicht mehr der meinige wäre. Wer wirklich den Willen aufgegeben hat, den ängstigen auch seine Sünden nicht mehr, sie sind ihm fremd: dennoch büßt er sie gern mit dem Leben, da er dieses nicht mehr will und die Erscheinung jenes übermächtigen Willens gern enden sieht. (176)

*

Daß Rache süß sei, ist oft gesagt und wird bestätigt durch die großen Opfer, welche oft gebracht werden, bloß um sie zu nehmen, ohne daß der erlittene Schaden dadurch irgend geheilt werden konnte. *Walter Scott* sagt: *»revenge is the sweetest morsel to the mouth, that ever was cooked in hell!« (Tales of my landlord.)* Die psychologische Erklärung der großen Süßigkeit der Rache ist folgende.

Alles Leiden, das von der Natur oder vom Zufall oder Schicksal auf uns geworfen wird, ist, *ceteris paribus*, nicht so schmerzlich, als das, was fremde Willkür uns zufügt. Dies kommt daher, daß wir Natur und Zufall als die Welt einmal beherrschend erkennen, was durch sie uns traf, hätte auch einen Andern getroffen, und im Leide aus dieser Quelle beklagen wir nur das gemeinsame Los der Menschheit. Das Leiden aus fremder Willkür hat dagegen eine ganz besondre bittre Zugabe zu dem zugefügten Schmerz oder Schaden selbst: es ist das Bewußtsein fremder Überlegenheit, sei es durch Gewalt oder List, bei eigener Ohnmacht dagegen. Den Schaden selbst, den man erlitten, heilt Ersatz, wenn er möglich ist: aber die bittre Zugabe, die oft mehr schmerzt als der Schade selbst, heilt bloß die Rache: indem wir jetzt dem Beeinträchtiger, durch Gewalt oder List wieder Schaden zufügen, zeigen wir nun unsre Überlegenheit über ihn und annullieren dadurch den Beweis der seinigen. Dies gibt dem Gemüt die Befriedigung, nach der es dürstete. So ist erklärlich, daß je mehr Stolz oder Eitelkeit, desto mehr Rachsucht. Wie aber jeder erfüllte Wunsch sich als Täuschung entschleiert; so auch der der Rache: daher kann die genommene Rache nachher das Gewissen quälen: das Motiv zu derselben wirkt nicht mehr, und das Dokument unsrer eignen Bosheit bleibt vor uns stehn. (177)

*

Daß Jeder bei dem Gedanken an einen Mord, den er verüben sollte, so sehr zurückbebt, – daß wer sich dazu entschließt, erst das sich mit ganz ungewöhnlicher Macht dagegen auflehnende Gewissen überwältigen muß, und nach geschehener Tat das Bild des Gemordeten nie aufhört ihn zu verfolgen; – dies alles hängt zusammen mit der heftigen Anhänglichkeit womit alles Lebende am Leben festhält, und durchaus nicht vom Leben lassen will; welches wir wohl begreifen, da wir wissen, daß es durch und durch der Wille zum Leben selbst ist. Jener Schauder vor dem Mord ist eben nur die andre Seite dieser unvertilgbaren Anhänglichkeit an das Leben, es ist die Abspiegelung dieser in der Erkenntnis des Mörders, der heimlich sein eignes Selbst wiedererkennt in seinem Opfer, und zugleich sich bewußt ist, wie fest jener hält, was er ihm entreißt. Derselbe Wille zum Leben ist ja das Wesen an sich des Mörders und des Opfers: was in diesem sich darstellt als die natürliche Todesangst, die ungleich stärker ist als jede andre Angst; – dasselbe stellt im Beschließer des Mordes sich dar als jenes Zurückbeben und Schaudern vor der Tat, welches jedes andere Sträuben der Natur weit übertrifft. (178)

*

Das Empörende des Undanks beruht auf Folgendem. Die reine Liebe, die zur Wohltat bewegt, ist allemal Mitleid, und entsteht aus dem Wiedererkennen seines eignen Wesens in der Person des Leidenden. Wenn nun dieser, der jetzt der Leidende ist, nur einigermaßen zu einer gleichen Gesinnung gegen den Wohltäter, bei umgekehrten Umständen, fähig wäre, d. h. nur halb und einigermaßen sein eignes Selbst wiedererkennt in der Person des Andern; so müßte diese halbe Erkenntnis und die aus ihr entspringende unvollkommne Liebe von Seiten des Leidenden, zur vollkommnen ergänzt werden dadurch, daß der

Andre ihm eine Wohltat erzeigt und hiedurch ein Zeichen gibt, daß er sein eignes Wesen wiedererkenne in der Person des Leidenden. Dies ist ihm ein sichres Zeichen, daß in der Person des Andern sein eignes Selbst lebt, indem er auch von dort aus sich in ihm erkennt. Wenn der Leidende, indem er den andern ansah, gleichsam nur eine leise Stimme hörte, die ihm sagte »Das bist Du«; so muß das Empfangen von Liebeswerken von eben diesem Andern ihm die völlige Gewißheit geben, daß er selbst es ist, der in dem andern lebt. Darum ist die Αντ'αγαπη so viel leichter als die αγαπη. Wenn nun so dem Erkennen seines Selbst im Andern, das Erkanntwerden von dem Andern entgegenkommt, man sich aber doch jener Erkenntnis verschließt, keine Liebe in sich aufkommen läßt, sondern Liebe und Wohltaten mit Undank vergilt; so ist dieses eben ein Zeichens eines sehr heftigen Willens zum Leben, der unterstützt wird durch eine im *principio individuationis* tief befangene, daher dumpfe Erkenntnis.

Dieselbe Ansicht gibt den rechten Gesichtspunkt für die Zuversicht, mit der gute Menschen, wenn sie in Not und Unglück geraten sind Andre um Hilfe ansprechen, während schlechte Charaktere ohne Zutrauen bitten, wie sie ohne Dank nehmen. (Vol: 3, p 21. Wilhelm Meister). Diese nämlich erkennen zwischen sich und dem Andern keine Identität, woher sollten sie erwarten, daß ihm eine solche erschiene? Der treffliche Charakter erkennt sein eignes Wesen in allen Menschen, daher erwartet er, daß diese ihm helfen werden, wenn er in Not ist, wie er erwartet, nicht von sich selbst verlassen zu werden. Daher lebt er überhaupt in einer befreundeten Welt, tiefer Friede und eine gewisse Heiterkeit umschwebt ihn stets. Der egoistische Charakter lebt zwischen lauter ihm stets fremden Gestalten: wie er ohne Teilnahme sie betrachtet, so hofft er keine Hülfe von ihnen, und wenn er bedrängt ist, kommt er bald zur Verzweiflung. (179)

*

Du gibst ein Almosen, und frägst mich, was du davon hast. Meine gewissenhafte Antwort ist: »Dieses, daß jenem Andern sein Schicksal um so viel erleichtert wird: und außerdem schlechterdings nichts.« Ist dir nun aber damit nicht geholfen und daran eigentlich nichts gelegen; so hast du eigentlich nicht ein Almosen geben, sondern einen Kauf tun wollen, und da bist du um dein Geld ganz und gar betrogen, welches deinem Unverstande zuzuschreiben ist. Ist dir aber daran gelegen, daß Jener, den der Mangel drückt, weniger leide; so hast du eben deinen Zweck erreicht, du hast dies davon, daß er weniger leidet und siehst genau, wie weit sich deine Gabe belohnt. –

(Daß dir aber daran gelegen, wirklich gelegen sei, daß jener Andre weniger leide, ist nur möglich, sofern du erkennst, daß du es selbst bist, was dir unter jener traurigen Gestalt erscheint, daß du dein eignes Wesen an sich wieder erkennst in der fremden Erscheinung.)

Eine reine Gabe ist allein die, bei welcher man im tiefsten Innersten seines Selbst schlechterdings nichts andres beabsichtigt oder denkt als eben nur die Minderung des fremden Leidens. – Offenbar macht jene Ostentation beim Geben, daß es durchaus keine reine Gabe sei, sondern wenigstens zum Teil ein Kauf, von gutem Ruf u. dgl. Das Evangelium sagt insofern sehr gut von denen, die mit Ostentation geben, »sie haben ihren Lohn dahin« (Matth. 6, [2]) Aber die Vedas, gleichsam die höhere Weihe gebend, sagen und wiederholen, daß, wer irgend einen Lohn seiner Werke begehrt, noch auf dem Wege der Finsternis und zur Erlösung nicht reif ist. (180)

*

Wenn Gerechtigkeit herrschte, wäre es hinreichend sein Haus gebaut zu haben, und es bedürfte weiter keines Schutzes als des offenbaren Eigentumsrechts. Aber weil Unrecht an der Tagesordnung ist; so verlangt man, daß wer das Haus gebaut, auch im Stande sei, es zu schützen; sonst ist sein Recht darauf unvollkommen und der Angreifer hat Faustrecht. (181)

*

Keine Handlung ohne Motiv. Es gibt nur 3 Arten auf welche das Motiv den Willen bewegen kann. Denn, was wir suchen, ist entweder eignes Wohl, fremdes Wohl, oder fremder Schmerz. – Demnach gibt es in unsrer Natur 3 Saiten, die das Motiv anschla-

gen kann, d.h. 3 Quellen aller Handlungen: 1.) Eigennutz (Interesse). 2.) Mitleid. 3.) Grausamkeit.
Jede menschliche Handlung muß sehr leicht auf eins dieser 3 zurückzuführen sein.
Handlungen aus religiöser Superstition fließen aus Eigennutz. – Alle edle und tugendhafte Handlungen aus Mitleid. – Rache ist Grausamkeit. (182)

*

Der Großmut, die *Clementia*, das Vergeben, das Erwidern des Bösen mit Gutem zwingt uns deshalb so ungemessenes Lob und Bewunderung ab, weil der es übt, sein eigenes Wesen wiedererkennt auch in dem, welcher in ihm das seinige verkannte: und zugleich ihn von seinem Irrtum zurückbringt auf dem Wege, welcher der sanfteste und zugleich der allein sichere ist: denn dieser ist genötigt zu sich (im innersten Gefühl) zu sagen: »Das Wesen, das ich verletzte, war ich selbst, denn es behandelt mich wie sich selbst.« – Wie wenig vermag dagegen der unsichere Weg der Vorwürfe. (183)

*

Ein sehr schöner Beleg und Beispiel vom Wiedererkennen seines Selbst als Dinges an sich im fremden Individuo ist es, wenn ein Mensch, der gänzlich untergeht, noch in diesem Untergang ängstlich besorgt ist für das Wohl und die Rettung eines Andern, der nun eben durch ihn erhalten wird: so jene Magd, die, vom tollen Hund gebissen, ihn nun noch in einen

Stall schleppt und einsperrt: – so jener Delinquent in *W. Scotts heart of Mid-Lothian,* der seinen Mitschuldigen, an dessen Gefangennehmung er durch sein Ungeschick Schuld gewesen war, in der Kirche durch Überwältigen der Wache rettet, ohne dabei irgend einen Versuch für sich selbst zu machen; – so jener Vater auf Tischbeins Bild, der den Sohn entfliehen heißt, da er ihn tragend der Lava, die dem Meere zuströmt, nicht entrinnen könnte. So ein Mensch geht dem persönlichen Untergange mit voller Gewißheit entgegen, seine eigne Erhaltung ganz aufgebend, richtet er seine ganze Sorgfalt auf die des Andern: wie könnte deutlicher das Bewußtsein sich aussprechen, daß dieser Untergang nur der einer Erscheinung und sonach selbst Erscheinung ist, hingegen das wahre Wesen des Untergehenden davon unberührt bleibt und in dem Andern fortbesteht, in welchem er es deutlich wiedererkennt? wie könnte, wenn dem nicht so wäre, ein in der Vernichtung begriffenes Wesen noch mit Anstrengung seiner letzten Kräfte, so starken tätigen Anteil nehmen am Fortbestehn eines andern? (184)

*

Gut und Böse von Charakteren, gilt nur *a potiori:* absolut ist beides nicht vorhanden. Den Unterschied macht der Grenzpunkt zwischen dem Gebiet, wo man seinen Vorteil dem fremden unbedingt nachsetzt, und dem, wo dies nicht geschieht. Liegt er grade in der Mitte, so ist man gerecht. Aber bei sehr vielen liegt er so; daß erst ein Zoll Rücksicht auf fremdes Wohl gegen zehn Klafter Rücksicht auf das eigene steht. (185)

*

Der gute Mensch, welcher in allen lebenden Wesen sich selbst erblickt und daher in allem lebt, was Leben hat, dessen Dasein zusammenfließt mit dem Dasein alles Lebenden, das ihn umgibt, verliert durch den Tod nur einen unendlich kleinen Teil seines Daseins: hingegen der Böse, welchem alles wirkliche Dasein als auf sein Ich beschränkt erscheint, welches Ich durch eine tiefe Kluft von allem andern Lebenden als Nicht-Ich geschieden ist, der also ausschließlich in seiner eignen Person lebt und existiert, der sieht im Tode mit seinem Selbst die Welt untergehn. Daher, wenigstens zum großen Teil, die verschiedene Art, wie beide dem Tode ins Angesicht sehn.
Jeder, der irgend ein Wesen fast so sehr liebt als sich selbst, sei es sein Kind, sein Weib, sein Freund, stirbt, wenn dieses Wesen ihn überlebt, nur halb: wer durchaus nichts als sich selbst geliebt hat, leert den Kelch des Todes bis auf den Grund. –
Warum nehmen wir jeden Zug von Herzensgüte an uns selbst mit so inniger Freude wahr? Weil er uns ein Pfand ist, dafür, daß unser Dasein nicht auf unsre eigene Person beschränkt ist, auf welchen unendlich kleinen Punkt alle egoistischen Handlungen es zu konzentrieren scheinen. (186)

*

Eine gewisse Art von Mut entspringt aus einer Wurzel mit der Herzensgüte, nämlich daraus, daß der damit begabte Mensch sich seines Daseins in den andern Individuen fast so deutlich bewußt ist als in dem eigenen. Wie hieraus die Herzensgüte hervorgeht, habe ich oft gezeigt. Den Mut bringt dieses Bewußtsein dadurch hervor, daß der Mensch weniger an seinem individuellen Dasein hängt, da er fast eben so sehr im allgemeinen Dasein aller Wesen lebt und deshalb für sein Leben und was dem anhängt wenig besorgt ist. Dies ist keineswegs jedesmal die Quelle des Muts: denn er ist ein Phänomen verschiedener Ursachen. Aber es ist die edelste Art des Mutes, welches sich daran zeigt, daß er hier mit großer Sanftmut und Geduld verbunden ist.
Menschen solcher Art pflegen den Weibern unwiderstehlich zu sein. (187)

*

Man hat die Frage aufgeworfen, was 2 Menschen, die in der Wildnis jeder ganz einsam aufgewachsen wären, und sich zum ersten Mal begegneten, tun würden: *Hobbes, Puffendorf, Rousseau* haben sie entgegengesetzt beantwortet: *Puffendorf* glaubte sie würden sich liebevoll entgegenkommen: *Hobbes* hingegen feindlich; *Rousseau*, sich schweigend vorbeigehn.
Alle 3 haben Recht und Unrecht: grade da würde sich die unermeßliche Verschiedenheit angeborner moralischer Disposition der Individuen

in so hellem Lichte zeigen, daß hier gleichsam der Maßstab und Gradmesser derselben wäre. Denn Menschen gibt es, in denen der Anblick des Menschen sogleich ein feindliches Gefühl aufregt, indem ihr Innerstes den Ausspruch tut »Nicht-Ich!« – und Andre gibt es, bei welchen jener Anblick sogleich freundliche Teilnahme erregt; ihr Inneres sagt »Ich noch Mal!« – Dazwischen liegen unzählige Grade. – Aber daß wir in diesem Hauptpunkt so grundverschieden sind, ist ein großes Problem, ja ein Mysterium.

Shakspeare und *Cervantes* starben am selben Tage, den 23. April 1616. – *Camoens* lebte vom Ertrag des nächtlichen Bettelns eines Negers, den er aus Indien mitgebracht, und starb im Hospital. *Cervantes* war stets dürftig, trieb den größten Teil seines Lebens die Geschäfte eines Kommissionärs oder Maklers, lebte im übrigen von dem Vermögen seiner Frau und Unterstützung vornehmer Gönner. 5½ seiner besten Lebensjahre war er Sklave in Algier. Sein linker Arm war im Türkenkrieg gelähmt worden. (188)

*

Im Grunde ist alle Güte des Herzens, ja alle Tugend, und selbst die Heiligkeit, zurückzuführen auf das Überwiegen der Erkenntnis über den Willen. Denn jene entsteht ja zuletzt dadurch, daß das bloß erkannte Leiden Anderer unser Tun mehr bestimmt als der eigene Wille und sein unmittelbares Genügen.

Da auch das Genie ein entschiedenes Überwiegen des Erkennens über das Wollen ist; so liegt hier die Verwandtschaft zwischen Tugend und Genie.
Der Unterschied liegt aber darin, daß das Übergewicht des Erkennens beim Genie sich als solches, d. h. durch vollkommene Erkenntnis, äußert; im Tugendhaften aber seine Macht auf den Willen übt und durch die Lenkung dieses sich äußert.
Ferner ist beim Genie die Intensität der Geisteskräfte eine absolute, ein sehr hoher Grad derselben schlechthin, ja der wahrscheinlich zur Wurzel und Basis eine starke Intensität des Willens, d. h. der Leidenschaften, haben muß; daher sind, nach Jean Pauls Ausdruck, schöne Geister selten schöne Seelen. Hingegen ist zur Tugend und Güte nur eine relative, d. h. im Verhältnis zum individuellen Willen große Intensität der Erkenntniskraft erfordert, die wohl oft durch die geringe natürliche Heftigkeit des Wollens unterstützt wird. (189)

*

Die Natur ist aristokratischer als Alles, was man auf Erden kennt: denn jeder Unterschied, den Rang oder Reichtum in Europa, oder die Kasten in Indien zwischen Menschen festsetzen, ist klein im Vergleich des Abstandes, den in moralischer und intellektueller Hinsicht die Natur unwiderruflich eingesetzt hat, und eben wie in andern Aristokratien, so auch in ihrer, kommen Zehn Tausend Plebejer auf einen Edlen, und Millionen auf einen Fürsten, und die große

Menge ist auch in ihrem Gebiet Pack, *plebs, mob, rabble, la canaille.* Daher aber, beiläufig gesagt, sollen auch ihre Patrizier und Edle, so wenig als die der Staaten, sich unter das Pack mischen, sondern je höher sie stehn, desto abgesonderter und unzugänglicher sein.

Sogar könnte man jene erwähnten, durch menschliche Einrichtungen herbeigeführten Rangunterschiede gewissermaßen als eine Parodie oder falsche Stellvertretung dieser natürlichen betrachten; sofern nämlich die äußern Zeichen der ersteren, wie die Ehrfurchtsbezeugungen von der einen, und die Äußerungen der Überlegenheit von der andern Seite, eigentlich nur in Hinsicht auf die natürliche Aristokratie passend und ernstlich gemeint sein können[1], während sie bei der menschlichen nur zum Schein gezeigt werden: so daß diese sich zu jener verhält, wie Flittergold zum echten, oder ein Theaterkönig zu einem wirklichen. Übrigens aber findet unter den Menschen jeder Rangesunterschied der willkürlichen Art willige Anerkennung, nur allein der natürliche nicht: Jeder ist bereit, den Andern für vornehmer oder reicher als sich anzuerkennen und demgemäß zu venerieren; aber den ungleich größern Unterschied, den die Natur zwischen Menschen unabänderlich

1 ja nur durch die Anerkennung derselben entstanden sein müssen, da sie alle etwas ganz anderes anzudeuten scheinen als eine bloße Überlegenheit an Macht, für deren Anerkennung sie offenbar nicht erfunden sind.

eingesetzt hat, will Keiner anerkennen, sondern an Geist, Urteil, Einsicht stellt Jeder sich Jedem gleich: daher kommen in der Gesellschaft grade die Vorzüglichsten zu kurz; weshalb sie solche zu meiden pflegen.

Vielleicht wäre es kein übles Thema für einen Maler, einmal den Kontrast der natürlichen und menschlichen Aristokratie darzustellen, etwa einen Fürsten mit allen Abzeichen seines Vorzuges und einer Physiognomie vom allerletzten Range, in irgend einem Zwiesprach oder Verflechtung mit einer Physiognomie, die die größte geistige Überlegenheit sichtbar machte, aber in Lumpen gehüllt.

Eine radikale Verbesserung der menschlichen Gesellschaft und dadurch des menschlichen Zustandes überhaupt könnte dauernd nur dadurch zu Stande kommen, daß man die positive und konventionelle Rangliste nach der der Natur regelte, so daß die Parias der Natur den unwürdigsten Beschäftigungen oblägen, die Sudra den rein mechanischen, die Vaysias der höhern Industrie, und nur die echten Kschatrias Staatsmänner, Heerführer und Fürsten wären, Künste und Wissenschaften aber allein in den Händen der echten Braminen wären; während jetzt die konventionelle Rangliste so selten mit der natürlichen zusammentrifft, ja so häufig im schreiendesten Widerspruch mit ihr steht. Aber dann erst wäre die *vita vitalis.* Freilich sind die Schwierigkeiten unabsehbar. Es wäre nötig, daß jedes Kind seine Bestimmung nicht nach dem Stande der Eltern, sondern nach dem Ausspruch des tiefsten Menschenkenners empfinge. Die ganz radikale aber wäre nur dadurch möglich, daß man öffentlich zu erteilende Aussteuern nicht, wie jetzt, dem Tugendhaftesten (das erbt nicht von der Mutter), sondern dem klügsten, geistreichsten Mädchen gäbe. (190)

*

Wer sein Glück dem fremden, wenn auch dem Mehrerer, opfert, gibt sein individuelles Dasein, seine Individualität, auf: er erkennt sich in der Species und hilft da aus, wo diese am meisten leidet: in Andern. Dadurch gibt er aber auch den Willen überhaupt auf, oder wird wenigstens nahe daran gebracht: denn in der Individualität wurzelt der Egoismus und in diesem der Wille zum Leben. (191)

*

Der Begriff der Freiheit ist unzertrennlich von dem der Ursprünglichkeit: daß ein geschaffenes, d.h. von einem Andern gemachtes Wesen, frei sei, ist ein Widerspruch. Denn indem jener Andre es machte, wußte er, was er machte und beabsichtigte, machte überhaupt Etwas, gab ihm also Eigenschaften, und aus diesen fließen allemal notwendig seine sämtlichen Wirkungen, die von außen nur noch der Veranlassungen bedürfen hervorzutreten. Dieser versteckte Widerspruch liegt in jedem Theismus, der zugleich moralische Verantwortlichkeit annimmt; wegen welcher er nun von Freiheit des

Menschen redet. Das freie Wesen muß also das ursprüngliche sein: ist der Wille frei; so ist er auch das Urwesen: und umgekehrt. Der Theismus als solcher hebt die Freiheit des Willens auf. – Freiheit kann nur mit Ursprünglichkeit bestehn. Daher eben ist nicht das Individuum frei, weil es nicht ursprünglich ist: aber der Wille zum Leben als Ding an sich, der in dem Individuo erscheint, ist frei, und durch seine Determination ist das Individuum, was es ist, und handelt demgemäß, aus seinen ein für alle Mal angenommenen Eigenschaften, d.h. seinem Charakter. Aber behaupten, daß er Ein Mal so und ein ander Mal ganz anders handeln könnte, wäre wie behaupten, daß derselbe Baum, der in diesem Sommer Kirschen trug, im nächsten Sommer Birnen tragen könnte: die Kraft, die in ihm ist, könnte freilich eines wie das andre: aber sie hat sich determiniert zu einem Kirschbaum, und ist nun nicht mehr das Ursprüngliche, folglich nicht frei: so ist es auch mit dem Individuo. (192)

*

Die Wurzel des bösen und des guten Charakters liegt, so weit wir solche mit der Erkenntnis verfolgen können, darin, daß die Auffassung der Außenwelt und zumal der belebten Wesen, und desto mehr, je ähnlicher sie dem eigenen Selbst des Individuums sind, – bei dem bösen Charakter begleitet ist von einem beständigen »Nicht-Ich, Nicht-Ich, Nicht-Ich!« – Dadurch erscheinen sie ihm fremd, feindlich, verhaßt, er glaubt sich bei jeder Gelegenheit von ihnen beeinträchtigt, gehemmt, angefochten, woraus eine gehässige Stimmung hervorgeht, Neid bei ihrem Wohlsein, Freude bei ihrem Schmerz. Daher ist bei dieser Gesinnung der Tod so bedenklich, indem er das eigene Ich, welches ihr das allein reale ist, aufhebt, und das Wesen dieses Menschen nur noch in Jenem, welches ihm bisher so entschieden Nicht-Ich war, fortbestehn läßt, ihn zurückversenkt in das Allgemeine, von dem er sich so bestimmt ausschied, das verneint, was er bisher allein bejahte, und das bejaht, was er verneinte. Zum guten Charakter hat hingegen der Tod nicht dies furchtbare Verhältnis: denn beim guten Charakter (wir nehmen diesen wie jenen als im hohen Grade vorhanden an) ist umgekehrt der stets begleitende Grundbaß jener Auffassung ein beständig gefühltes »Ich, Ich, Ich!« – woraus eben Wohlwollen und hülfreiche Gesinnung gegen alles Lebende, am meisten gegen alle Menschen und zugleich eine heitere, getroste, beruhigte Gemütsverfassung erwächst, von der das Gegenteil den bösen Charakter begleitet.

Dies Alles ist aber nur das Phänomen, wenn auch an der Wurzel gefaßt. Aber daran knüpft sich das schwerste aller Probleme: woher, bei der Identität und metaphysischen Einheit des Willens als Dinges an sich, die himmelweite Verschiedenheit der Charaktere? die hämische, teuflische Bosheit des Einen? die desto greller abstechende Güte des Andern?

wodurch waren Jene *Tiberius, Caligula, Caracalla, Domitian, Nero?* – und Diese die Antonine, Titus, Hadrianus, Nerva u. s. w.? – Woher eine eben solche Verschiedenheit bei den Tierspecies? ja in den höhern Geschlechtern bei den tierischen Individuen? – die Bosheit des Katzengeschlechts, am stärksten entwikkelt im Tiger? – die Tücke des Affengeschlechts? – die Güte, Treue, Liebe des Hundes? des Elefanten? u. s. f.? Offenbar ist das Prinzip der Bosheit im Tiere dasselbe wie im Menschen. –

Etwas können wir die Schwierigkeit des Problems dadurch mildern, daß wir bemerken, daß alle jene Verschiedenheit denn doch am Ende nur den Grad betrifft, und die Grundneigungen, Grundtriebe in allem Lebenden sämtlich vorhanden sind, nur in sehr verschiedenem Grad und verschiedenem Verhältnis unter einander. Doch reicht das nicht aus.

Als Erklärungsgrund bleibt uns allein der Intellekt und sein Verhältnis zum Willen. Allein der Intellekt steht keineswegs im direkten und graden Verhältnis zur Güte des Charakters. Wir können zwar im Intellekt selbst wieder unterscheiden Verstand als Auffassung der Verhältnisse nach dem Satz vom Grunde, – und die dem Genie verwandte, von diesem Gesetz unabhängige, das *Principium individuationis* durchschauende, mehr unmittelbare Erkenntnis, welche auch die Ideen auffaßt, und diese ist es, welche sich auf das Moralische bezieht. Allein auch die Erklärung hieraus läßt noch viel zu wünschen übrig. »Schöne

Geister sind selten schöne Seelen«, ist richtig bemerkt worden von *Jean Paul:* wiewohl sie auch nie das Umgekehrte sind. *Baco von Verulam,* freilich weniger ein schöner, als ein großer Geist, war ein Schurke.

Ich habe als *principium individuationis* Zeit und Raum erklärt, da die Vielheit des Gleichartigen nur durch sie möglich ist. Aber das Viele ist auch ungleichartig, die Vielheit und Verschiedenheit ist nicht nur quantitativ, sondern auch qualitativ. Woher die letztere, zumal in ethischer Hinsicht? –

Die intellektuelle Verschiedenheit hat ihren nächsten Grund im Gehirn und Nervensystem und ist dadurch etwas weniger dunkel: Intellekt und Gehirn sind den Zwecken und Bedürfnissen des Tieres, also seinem Willen, angemessen. Nur beim Menschen findet sich bisweilen ausnahmsweise ein Überschuß, der, wenn er stark ist, das Genie gibt.

Aber die ethische Verschiedenheit scheint unmittelbar aus dem Willen hervorzugehn. Sonst wäre sie auch nicht außerzeitlich, da Intellekt und Wille nur im Individuo vereinigt sind. Der Wille ist außerzeitlich, ewig; und der Charakter ist angeboren, also jener Ewigkeit entsprossen; folglich durch nichts Immanentes zu erklären. (193)

Erziehung

Unsre Kinderjahre sind eine fortwährende Poesie. Nämlich das Wesen der Poesie, wie aller Kunst, besteht im rein objektiven, mithin willenlosen Erkennen und dadurch im Auffassen der Idee, d.h. des Wesentlichen und darum allem Verschiedenen Gemeinsamen im Einzelnen; so daß jedes Einzelne ein Repräsentant der Gattung wird, ein Fall für Tausende gilt. Obgleich nun es scheint, daß wir in den Szenen unsrer Kinderjahre stets nur beschäftigt sind mit dem jedesmaligen individuellen Gegenstand oder kleinen Vorfall und zwar nur sofern er unser momentanes Wollen interessiert; so ist es doch im Grunde anders. Nämlich das Leben, in seiner ganzen Bedeutsamkeit, steht noch so neu, frisch, ohne Abstumpfung seiner Eindrücke durch Wiederholung vor uns; daß wir, mitten unter unserm kindischen Treiben, stets im Stillen und ohne deutliche Absicht, beschäftigt sind, an den einzelnen Szenen und Vorgängen das Wesen des Lebens selbst, die Grund-Typen seiner Gestalten und Darstellungsweisen aufzufassen: daher die festeste Grundlage unsrer Weltansicht, das Flache oder Tiefe derselben, sich schon in den Kinderjahren bildet und später nur ausgeführt, nicht geändert werden kann. – Wegen dieser rein objektiven und dadurch poetischen Ansicht, die dem Kindesalter wesentlich ist und dadurch unterstützt wird, daß der

Wille noch lange nicht seine volle Energie zeigt, verhalten wir uns als Kinder bei weitem mehr rein erkennend als wollend. Daher auch der ernste, schauende Blick einiger Kinder, welchen Raphael zu seinen Engeln benutzt hat. – Eben deshalb sind die Kinderjahre so selig und ist die Erinnerung an sie stets von Sehnsucht begleitet. Dabei ist nun die Erziehung immerfort bemüht, uns Begriffe beizubringen: aber Begriffe sind nicht das Wesentliche: dieses vielmehr, der *fond* und Gehalt aller unsrer Erkenntnisse, die wahre Substanz derselben, liegt in der anschaulichen Auffassung der Welt: und diese eben kann nur von uns selbst gewonnen, auf keine Weise beigebracht werden. Daher hängt unser intellektueller, wie unser moralischer Wert in der Hauptsache nicht vom Äußeren ab, sondern geht aus der Tiefe des eignen Wesens hervor. (194)

*

Was dem gereiften Manne die Erfahrung seines Lebens beigebracht hat und wodurch er die Welt anders sieht als der Jüngling und Knabe, läßt sich zurückführen auf Unbefangenheit. Er sieht die Dinge jetzt ganz einfach und nimmt sie für das, was sie sind, während dem Knaben und Jüngling ein Trugbild aus Vorurteilen, Grillen, Phantasien die wahre Welt bedeckt oder verzerrt sehn ließ. Man wird also durch Erfahrung die Hirngespinste los: den Knaben und Jüngling vor solchen zu schützen wäre die beste Erziehung, also eine negative: sie ist dadurch auszuführen, daß man des Kindes Sphäre sehr enge hält und sie nur dann um ein Weniges erweitert, wann es alles darin Gelegene richtig erkannt hat: und so fort. Keine Romane lesen lassen! – statt ihrer Biographien, z. B. *Franklin's.* (195)

*

Der Nachteil jeder künstlichen Erziehung ist dieser. Nach der Natur unsers Geistes sollen die Begriffe durch Abstraktion aus den Anschauungen entstehn, folglich auf alle Weise die Anschauungen früher dasein als die Begriffe: und wenn es wirklich diesen Gang nimmt, wie es der Fall ist bei dem, der bloß die Erfahrung zum Lehrer und zum Buch hat, so weiß der Mensch ganz gut, welches die Anschauungen sind, die unter jeden seiner Begriffe gehören, er kennt sie genau, behandelt folglich alles Vorkommende richtig. Dies ist die natürliche Erziehung. Hingegen bei der künstlichen Erziehung wird durch Vorsagen, Lehren und Lesen der Kopf voll Begriffe gepfropft, ehe noch eine irgend ausgebreitete Bekanntschaft mit der anschaulichen Welt da ist. Die Anschauungen zu allen jenen Begriffen soll nun die Erfahrung hinterher bringen. Ehe sie das getan, werden aber alle jene Begriffe falsch angewandt und daher die Dinge und Menschen falsch beurteilt, falsch gesehn, falsch behandelt, so werden durch die Erziehung schiefe Köpfe. Daher treten wir, nach langem Lernen und Lesen, so einfältig und verschroben in die Welt, bald ängstlich, bald vermessen, den Kopf voll

Begriffe, die wir nun anzuwenden suchen, sie aber fast immer verkehrt plazieren. Dies ist die Folge, wenn man durch ein ὕστερον πρότερον, dem natürlichen Gange des Geistes grade entgegen, die Begriffe zuerst und die Anschauungen zuletzt erhält. Nachher muß nun eine lange Erfahrung dienen, alle jene durch falsche Anwendung der Begriffe entstandne Urteile zu berichtigen. Das gelingt selten ganz. Daher so wenig Gelehrte den *bon sens* haben, der bei ganz Ungelehrten häufig ist. (196)

*

Bei der Erziehung sollte man vor allen Dingen darauf bedacht sein, die Kinder auf eine reine Auffassung der Wirklichkeit zu leiten und sie dahin bringen, daß sie ihre Begriffe stets unmittelbar aus der wirklichen Welt schöpfen und nach der Wirklichkeit bilden, nicht aber sie woanders herholen, aus Büchern, Märchen, Reden Andrer, und solche Begriffe nachher schon fertig zur Wirklichkeit hinzubringen, wo sie dann, den Kopf voll Schimären, teils die Wirklichkeit ganz falsch auffassen, teils sie nach jenen Schimären umzumodeln fruchtlos bemüht sind und durch beides auf Irrwege geraten. Denn es ist unglaublich, wie viel Nachteil früh eingesogene Schimären und daraus entstehende Vorurteile bringen; so daß die Erziehung, die uns später die Welt und das wirkliche Leben geben, hauptsächlich verwandt wird auf Ausmerzung jener. (197)

*

Wenn die Welt erst ehrlich genug geworden sein wird, um Kindern vor dem 15ten Jahr keinen Religionsunterricht zu erteilen; dann wird etwas von ihr zu hoffen sein. (198)

*

Demnach scheint mir bei der Erziehung der Hauptpunkt dieser: daß man Sorge trage, daß die Bekanntschaft mit der Welt, deren Erlangung im allgemeinern Sinn der Zweck aller Erziehung ist, vom rechten Ende angefangen werde: dazu gehört, daß in jeder Sache die Anschauung dem Begriff vorhergehe, dann aber auch der engere Begriff dem weiteren vorhergehe, und so die ganze Belehrung in der Ordnung geschieht, wie die Begriffe der Dinge einander voraussetzen. So wie in dieser Reihe etwas übersprungen ist, entstehn mangelhafte und aus diesen falsche Begriffe und endlich die auf individuelle Art verschrobene Weltansicht, die Jeder auf lange Zeit, die Meisten auf immer im Kopfe haben.

Wer aufmerkt, wird finden, daß er bisweilen erst im ganz reifen Alter über höchst einfache Dinge und Verhältnisse ein recht deutliches Verständnis plötzlich erhält. Dann lag hier so ein dunkler Punkt seiner Bekanntschaft mit der Welt, der entstanden war durch Überspringen des Gegenstandes jener ersten Erziehung, sei sie durch Menschen oder durch Erfahrung ihm gegeben worden. Man sollte daher ordentlich auf die natürliche Reihenfolge der Erkenntnisse studieren, um nach solcher die Kinder mit den Dingen der Welt bekannt zu machen, ohne daß sie Flausen in den Kopf bekämen, die oft unheilbar sind. Dabei müßte man auch verhüten, daß Kinder nicht Worte gebrauchen, mit denen sie keinen vollständigen und richtigen Begriff verbinden. Die Hauptsache aber ist, daß die Anschauungen den Begriffen vorhergehn, und nicht umgekehrt, welches der gewöhnliche, aber eben so unglückliche Fall ist, als wenn ein Kind zuerst mit den Beinen, oder der Vers zuerst mit dem Reim auf die Welt kommt. Während nämlich der Geist des Kindes noch ganz arm an Anschauungen ist, prägt man ihm Begriffe und Urteile ein, recht eigentlich Vorurteile, und diesen fertigen Apparat bringt es nachher zur Anschauung und Erfahrung mit, statt daß es solche erst aus dieser entwickeln sollte. Die Anschauung ist vielseitig und reich, kann es daher an Kürze und Schnelle dem abstrakten Begriffe, der mit Allem gleich fertig ist, nicht gleich tun: Daher vermag sie erst spät oder gar nie jene vorgefaßten Begriffe zu berichtigen: denn welche ihrer Seiten sie auch mit ihm im Widerspruch zeige; ihr Bericht wird vorläufig als einseitig verworfen, ja verleugnet und die Augen gegen ihn geschlossen; damit er nur dem vorgefaßten Begriff nicht zu nahe trete. Daher trägt sich der Mensch sein ganzes Leben mit Flausen, Kapricen, Nücken, Einbildungen, Vorurteilen, die bis zur fixen Idee gehn. Ja, er hat gar nicht gelernt, sich selber gründliche Begriffe aus

Anschauung und Erfahrung abzuziehn; weil er alles fertig überkommen. Dadurch wird er so flach und seicht. – Statt dessen also sollte in der Kindheit der naturgemäße Gang der Bildung der Erkenntnis beibehalten werden. Keine Begriffe müßten anders als durch Anschauung entstehn, wenigstens ohne sie nicht beglaubigt werden. Das Kind würde dann wenige, aber gründliche und richtige Begriffe erhalten. Es würde die Dinge mit seinem eigenen Maßstab messen, statt mit einem fremden. Es würde 1000 Flausen und Vorurteile nie fassen, auf deren Austreibung der schönste Teil der nachfolgenden Erfahrung und Lebensschule verwendet werden muß. Der Geist würde an Gründlichkeit, Deutlichkeit, eigenes Urteil und Unbefangenheit für immer gewöhnt sein.

Überhaupt sollten Kinder das Leben in jeder Hinsicht nicht früher aus dem Abbilde kennen lernen als aus der Sache, und daher [sollte] man nicht so eilig sein, ihnen Bücher in die Hände zu geben, vielmehr ihnen die Dinge selbst und die menschlichen Verhältnisse bekannt machen. (199)

*

Wenn Erziehung oder Ermahnung irgend etwas fruchteten; wie könnte dann Seneka's Zögling ein Nero sein? (200)

Höchste Willensbejahung: Geschlechtsliebe

Auf die Zeugung folgt Leben, und auf das Leben unwiderruflich der Tod. Nun ist es der Betrachtung wert, wie die Wollust der Zeugung, die das eine Individuum (der Vater) genießt, nicht von ihm selbst, sondern von einem andern (dem Sohne) durch Leben und mithin durch Tod gebüßt wird. Hier tritt auf eine besondre Weise die Einheit des Menschengeschlechts und seiner Sündhaftigkeit hervor, da der gewöhnlichen Betrachtung jene Einheit durch die Zeit aufgehoben erscheint.

Die Zeugung ist ein Lebenwollen in der erhöhten Potenz: unser eigenes Leben büßen wir selbst durch den Tod: aber jenes gleichsam quadrierte Lebenwollen muß ein andres Individuum durch Leben und Tod büßen. (201)

*

Der Leib ist die Sichtbarkeit, Objektität des Willens. Die Befriedigung der natürlichen Bedürfnisse, sogar der Geschlechtstrieb ist nur die Ausführung in der Zeit jenes Willens von dem der Leib, in seiner Form und Zweckmäßigkeit, die Erscheinung im Raum ist; jene Befriedigung ist also nur in der Darstellungsweise vom Leibe selbst verschieden. Sie ist die Bejahung des Leibs. (202)

*

Die Befriedigung des Geschlechtstriebs ist an sich schlechthin verwerflich, weil sie die stärkste Bejahung des Lebens ist. Dies gilt von der in der Ehe wie von der außer der Ehe. Letztere aber ist doppelt verwerflich, weil sie noch dazu Verneinung des fremden Willens ist, indem das Mädchen mittelbar oder unmittelbar dadurch in Unglück gerät, der Mann also seine Lust auf Kosten des Glücks Andrer befriedigt. Eine Ausnahme hievon wäre, wenn ein Mädchen oder Witwe reich genug ist, Kinder zu versorgen, und stark genug, die fremde Meinung zu verachten. Überhaupt trägt das Weib bei der außerehelichen Befriedigung nicht jenen 2ten höhern Grad der Schuld: statt dessen nur Unglück, das sie ihrem Leichtsinn dankt: und der Mann allein die Schuld. Ehebruch ist als der ärgste Diebstahl noch um einen Grad schlechter. (203)

*

Die Zuneigung zweier Personen verschiedenen Geschlechts ist schon der Lebenswille des neuen Individuums, das sie zeugen können und möchten, der sich beim Zusammentreffen ihrer Blicke schon regt: – Die Abneigung zwischen ihnen zeigt an, daß, was sie zeugen müßten, wenn es zu Stande käme, ein schlecht gebildetes, trauriges, in sich disharmonisches, unglückliches Wesen wäre. (204)

*

Betrachtet ein Tier in der Brunst bis zum Akte der Zeugung: was geht dabei in ihm vor? – Weiß es, daß es sterben und endigen wird, und daß durch sein gegenwärtiges Geschäft ein neues, aber ihm völlig gleiches Individuum entsteht, um seine Stelle zu ersetzen? – Von dem allen weiß es nichts, da es nicht denkt. Aber es sorgt für die Fortdauer seiner Gattung in der Zeit, so gut, als ob es jenes alles wüßte. Denn es ist sich bewußt, daß es leben und dasein will und den höchsten Grad dieses Wollens drückt es aus im Akte der Zeugung: Dies ist alles was dabei in seinem Bewußtsein vorgeht. Und es ist völlig hinlänglich zum Bestande der Dinge: eben weil der Wille das Radikale ist, die Erkenntnis das *adventicium*. Daher braucht der Wille nicht notwendig von der Erkenntnis, Vorstellung, geleitet zu werden: sondern, sobald der Wille sich entschieden hat, muß notwendig die Welt der Vorstellung sich diesem Wollen anfügen und es objektivieren. Wenn nun solchermaßen diese bestimmte Tiergestalt es ist, die das Leben und Dasein will; so will sie Leben und Dasein nicht überhaupt, sondern in eben dieser Gestalt. Darum ist es der Anblick seiner Gestalt im Weibchen seiner Art, der seinen Willen zur Zeugung anreizt.

Dieses Wollen, angeschaut von Außen unter der Form der Zeit, stellt sich dar als solche Tiergestalt, eine endlose Zeit hindurch erhalten durch die immer wiederholte Ersetzung eines Individuums durch ein andres, also durch das Wechselspiel des Todes und der Zeugung, die so nur noch als der Pulsschlag jener durch alle Zeit beharrenden Gestalt... erscheinen. – Sie verhalten sich wie die Attraktions- und Repulsionskraft, durch deren Antagonismus die Materie besteht. (Nämlich der *Tod* ist weiter nichts als der höchste Ausdruck des Widerstands, den der Wille, erscheinend als *Idee* eines bestimmten Organismus, leidet von der Materie, oder richtiger von den niedrigeren Ideen, welche diese Materie schon in Besitz haben: denn ohne Ausdruck einer Idee ist keine Materie.) Die Zeugung ist das Gegengewicht und Widerspiel des Todes, ist der Sieg des Willens, also Wesen an sich, und seiner Form der zeitlosen Idee, über zeitliche Erscheinung und Materie. Was der Zeugungsakt im Tiere ist, das ist er im Menschen: bei diesem nämlich ist er zwar von der vollständigen Erkenntnis seiner Endursache (nämlich der Erhaltung der Form beim Vergehn des Individui) begleitet, aber nicht von ihr geleitet, sondern geht unmittelbar aus dem Willen zum Leben hervor.

So verkehrt es wäre, das Tier bei der Zeugung durch die Kenntnis jenes Endzwecks derselben geleitet zu denken, eben so verkehrt ist es die Kunsttriebe der Tiere durch Zweckbegriffe geleitet zu denken: auch in diesen äußert sich der Wille ohne Vermittelung der Erkenntnis. Die Zeugung ist der bewundrungswürdigste aller Kunsttriebe und sein Werk das erstaunlichste. (205)

*

Dadurch, daß wir *essen*, fallen wir dem Tode und dadurch, daß wir *zeugen*, dem Leben notwendig anheim.

Denn durch das Essen zerstören wir die fremde Form, um uns ihrer Materie zu bemeistern: daher muß, weil alles Lebende demselben Gesetze unterliegt, auch unsre Form wieder zerstört werden, damit ihre Materie wieder andern Formen zufalle.
Die Zeugung aber ist die vollendete Bejahung des Willens zum Leben, die eben als Leben erscheinen muß. (206)

*

So gewiß zwischen dem Leben und dem Traum kein spezifischer und absoluter, sondern nur ein formeller und relativer Unterschied ist, so gewiß ist eigentlich und im Ernst gar kein wesentlicher Unterschied zwischen einer Pollution und einem Coitus. Beide geben ein verfliegendes Traumbild und eine Ergießung des Samens; d. h.: bei beiden hat der Wille die Befriedigung, deren er fähig ist, und die Vorstellung hat alles, dessen sie empfänglich ist, nämlich ein Bild, eine Erscheinung.
Nach beiden fühlen wir, daß wir nach einem wesenlosen Schatten gehascht haben. (207)

*

Wenn der Wille zum Leben sich bloß darstellte als Trieb zur Selbsterhaltung, so würde dieses besagen, daß er bloß die individuelle Erscheinung und die kurze Spanne Zeit ihrer natürlichen Dauer bejaht: weil hingegen der Wille zum Leben das Leben schlechthin und eine endlose Zeit hindurch will; so stellt er sich zugleich als Geschlechtstrieb dar. Hieraus ist die Wichtigkeit und Heftigkeit dieses Triebs zu ermessen. (208)

*

Wenn der Wille zum Leben durch das vorhandene Individuum befriedigt wäre, so könnte dieses seines Lebens ziemlich froh werden, dessen Erhaltung ihm wenig Mühe und Sorge machen könnte: sein Dasein wäre leicht und heiter. Allein, wie wir gesehn haben, es fehlt viel, daß der Wille zum Leben durch die Hervorbringung Eines Individui zufrieden gestellt wäre, darin aufginge, darin erlöschte: vielmehr ist er auf eine unendliche Sukzession derselben, auf eine endlose Generation gerichtet: und diese Richtung tritt im Bewußtsein auf als Geschlechtstrieb: der steht jener Heiterkeit, Sorglosigkeit und Unschuld des bloß individuellen Daseins entgegen, indem er in das Bewußtsein Unruhe und Melancholie und in den Lebenslauf Unfälle, Sorgen und Not bringt.

Wird er freiwillig gedämpft, so ist dieses die Wendung des Willens, er kehrt um; er erlischt im Individuo: aber dies geschieht allein durch eine schmerzliche Gewalt, die er sich selber antut. Ist es jedoch geschehn, so tritt jene Sorgenfreiheit und Heiterkeit des individuellen Daseins wieder ein und zwar auf einer höhern Potenz. (209)

*

Die Vollziehung des Generationsaktes bedeutet: »Der Wille zum Leben hat sich aufs Neue bejaht.« Die Konzeption und Schwangerschaft des

Weibes aber bedeutet: »Der Wille ist in das Licht der besonnenen Erkenntnis getreten«; wodurch die Möglichkeit der Erlösung wieder vorhanden ist.
Hieraus erklärt es sich, daß jedes Weib, beim Generationsakt belauscht, vor Scham sterben möchte; hingegen ihre Schwangerschaft ohne eine Spur von Scham, ja mit einer Art Stolz öffentlich zur Schau trägt: da doch sonst ein unfehlbar sicheres Zeichen dieselbe Wirkung tut wie die bezeichnete Sache selbst, auch jedes andre sichere Zeichen des vollzogenen Coitus, das Weib im höchsten Grade beschämt, nur allein die Schwangerschaft nicht. Wir sehn hieraus, daß die Schwangerschaft in gewissem Sinne eine Tilgung der Schuld, welche der Coitus kontrahiert, mit sich bringt, oder doch wenigstens verspricht. Der Coitus trägt alle Scham und Schande; und die ihm so nahe verschwisterte Schwangerschaft bleibt rein und unschuldig, ja wird gewissermaßen ehrwürdig.
Der Coitus ist hauptsächlich die Sache des Mannes: die Schwangerschaft ganz allein des Weibes. Vom Manne erbt das Kind den Willen, oder Charakter: von der Mutter den Intellekt. Der Intellekt ist das erlösende Prinzip: der Wille das bindende. Der Coitus (Anteil des Mannes, Eintritt des Willens) verkriecht sich wie ein Verbrecher: die Schwangerschaft (Anteil des Weibes, Eintritt der Erkenntnis) geht frank und frei ja stolz einher. Das Indicium des steten Daseins des Willens in der Zeit, trotz aller Steigerung der Beleuchtung durch den Intellekt, ist

der Coitus. – Das Indicium des, zum Behuf der Möglichkeit der Erlösung, diesem Willen aufs neue beigetretenen Lichtes der Erkenntnis, und zwar im höchsten Grade ihrer Klarheit, ist die erneute Menschwerdung des Willens: und das Zeichen dieser ist die Schwangerschaft. (210)

*

Darum ist das Geschlechtsverhältnis stets der Mittelpunkt und die Hauptsache in allem Tun und Treiben der Menschen: so sehr, daß seine Angelegenheiten nicht einmal ausgesprochen zu werden brauchen, sondern sich überall von selbst verstehn: zwar sittsam verschleiert, nimmt es doch überall den Hauptplatz ein: es ist die Ursache des Krieges und der Zweck des Friedens, die Grundlage des Ernstes und das Ziel des Scherzes, die unerschöpfliche Quelle des Witzes, der Schlüssel zu allen Anspielungen und der Sinn aller geheimen Winke, aller unausgesprochenen Anträge und aller verstohlnen Blicke, das tägliche Dichten und Trachten der Jungen und der Alten, der stündliche Gedanke des Unkeuschen und der gegen seinen Willen stets wiederkehrende Traum des Keuschen, – und so sieht man es in jedem Augenblick als den eigentlichen und erblichen Herrn der Welt sich aus eigener Machtvollkommenheit auf den angestammten Thron hinpflanzen und von dort herab mit höhnendem Blick der Anstalten lachen, die man getroffen hat, es einzukerkern und womöglich ganz verdeckt zu halten, oder doch es so einzuschränken, daß es nur

für eine ganz untergeordnete Nebenangelegenheit des Lebens zum Vorschein kommen soll.
(Mögen die welche sich anschicken, über diese Stelle ein lautes Geschrei zu erheben, vorher wohl dafür sorgen, daß man sie nicht für Heuchler oder für Eunuchen halte: denn die Wahrheit ist nun einmal auf meiner Seite, wenn sie auch zu ihrer Kandidaten-Philosophie nicht passen sollte!) Nicht umsonst haben die Inder den Lingam und die Yony, die Griechen den Phallus zum religiösen Symbol des Lebens der Natur erwählt: Der Geschlechtstrieb ist an sich der Kern des Willens zum Leben und äußerlich betrachtet, wie er sich in der Erscheinung gibt, ist er das, was die ganze Erscheinung perpetuiert und zusammenhält. (211)

*

Der Geschlechtstrieb ist ein Instinkt, durch welchen das Tier der Gattung dient und selbst dabei bloßes Werkzeug des Willens ist, der in der Gattung lebt. Weil es aber als Individuum bloß für sein individuelles Wohl und Wehe Sinn hat und nicht für die Zwecke der Gattung; so entsteht ihm die Täuschung, daß es in Befriedigung jenes Triebes sein höchstes eigenes Wohl finden werde; von welcher Täuschung es nach jeder erfolgten Befriedigung verlassen wird. Auch vom Menschen gilt das Gesagte. Wo aber bei diesem der Trieb sich als eigentliche Liebe, d. h. mit ausschließlicher Beziehung auf ein bestimmtes Individuum, zeigt; da dient er nicht bloß der Gattung im

Allgemeinen; sondern insbesondre der folgenden Generation und dem von dieser nachher abhängigen späteren, welche (da diese Species Individual-Charakter hat) die Erzeugung eines bestimmten Individui verlangen, welches nur von 2 bestimmten Eltern ausgehn kann, vom Vater den Willen, von der Mutter den Intellekt erhaltend. Dem obigen gemäß zeigt sich denn hier auch *diesselbe Täuschung*, nur mit Bezug auf *ein bestimmtes* Individuum, in der Begattung mit welchem sich jenem das höchste Glück chimärisch darstellt. Daher die Heftigkeit der Liebe als Leidenschaft. Da er aber darin nur der Gattung und bestimmter der nächsten Generation dient, während er sich selber zu dienen meint; so muß dieselbe Enttäuschung erfolgen, und in vermehrtem Maß.

Da übrigens der Wille zum Leben auf einer bestimmten Stufe seiner Objektivation sich unendlich mehr in der ganzen Gattung als in einem einzelnen Individuum offenbart; so ist der Trieb zur Zeugung, in welchem der Wille zum Leben mit der Stimme der Gattung spricht, auch unendlich stärker als jeder andre Trieb, in welchem er nur für das Individuum spricht. (212)

*

Die mannigfaltigen, heftigen Äußerungen der *Brunst* bei den Tieren sind die Stimme des Willens zum Leben, mit der er ruft: »Das Leben des Individuums tut mir nicht genug; ich brauche das Leben der

Gattung, zur Ausfüllung endloser Zeit, der Form meines Erscheinens.«

Die Quelle der so eigentümlichen, instinktartigen Vaterfreude ist das Bewußtsein, durch seinen Anteil am Leben der Gattung dem Tode unerreichbar zu sein, dem man als Individuum unterliegt: Hindu und besonders Chinesen sehn Kinderlosigkeit als ein großes Unglück an. (213)

*

Der Selbstmord aus verliebter Verzweiflung entsteht, nachdem der wollüstige Wahn der Liebe im Besitz der Geliebten ein so überschwängliches Glück hat erblicken lassen und dadurch die Erwartung so hoch hinaufgespannt hat, daß nachdem die Unmöglichkeit, es zu erlangen, gewiß geworden, das Leben darob nunmehr so freudenleer, schal und ungenießbar erscheint, daß der Ekel davor sogar die Schranken des Todes überwindet. Merkwürdig und charakterisierend ist der Umstand, daß Selbstmord aus hoffnungsloser Liebe im Durchschnitt ungefähr 10 Mal des Jahres in ganz Europa vorkommen mag, aber meistenteils bei Männern: die fabelhaften Geschichten der Sappho und Dido bei Seite gesetzt, erinnere ich mich sehr weniger weiblicher Selbstmorde aus diesem Motiv, die Fälle ausgenommen, wo beide Liebende sich gemeinschaftlich morden, welche eben deshalb mehr aus der hingebenden, gehorsamen und untergeordneten Natur des Weibes zu entspringen scheinen. Auf eigene Hand ... tut es selten ein Weib:

aber aus andern Motiven, zumal unehelicher Schwangerschaft, also Ehrgeiz, nehmen sie sich oft das Leben. Daraus würde folgen, daß sie der eigentlichen leidenschaftlichen, auf ein einziges Individuum gerichteten Liebe nicht oft fähig sind, sondern *elles espèrent toujours trouver de quoi se consoler: cosi fan tutte.* (214)

*

Ich erwarte, daß die Paarung des Löwen, als die höchste Bejahung des Willens in seiner heftigsten Erscheinung, von sehr vehementen Symptomen begleitet sein würde; und war überrascht, solche weit unter denen zu finden, welche die menschliche Paarung zu begleiten pflegen. – Auch hier also entscheidet über die erhöhte Bedeutsamkeit der Erscheinung nicht der Grad der Heftigkeit des Wollens, sondern der Grad der Erkenntnis: wie der Ton nicht so sehr durch die Größe der Saite, als durch die des Resonanzbodens verstärkt wird. (215)

Langeweile und erfüllte Zeit

Die Langeweile, das Leere, Öde das uns bisweilen in der Einsamkeit überfällt (und nichtigen Menschen die Einsamkeit zum größten Übel macht, während sie Geistreichen immer in gewissem Maß Bedürfnis[,] in jedem Maß aber erträglich ist, so daß das Ertragenkönnen und Lieben der Einsamkeit ein bis auf einige Störung durch die Individualität richtiges Maß unseres intellektuellen Werts ist) ist nichts weiter als die dem Leben (d.i. dem im Verstand und Sinnlichkeit befangenen Bewußtsein) wesentliche und ursprüngliche eigne Nichtigkeit, Jammer und Erbärmlichkeit, in ihrer Nacktheit und Wahrheit. Die Arbeit, Not, Mühe des Lebens sind Vorhänge, welche uns sonst jene Leere verbergen: wir strengen uns unablässig an, um solche wegzuschaffen, überzeugt, dahinter stecke das Eldorado und sie nur seien uns im Wege. Sind sie weggeschafft, so zeigt sich uns die Basis des Lebens, der dürre Sand auf dem alles ruht, die unverhüllte Leere, das Nichts ohne weitre Entschuldigung. Wir gleichen dem Affen der nach zwanzig abgewickelten Papieren einen Stein gefunden hat. Nun schaffen wir, nach Wegräumung der ursprünglichen, neue künstliche Vorhänge an, drapieren sie so perplex als möglich, daß man immer viel Beschäftigung finde, ehe man zum Leeren durchdringe: mit diesen Vorhängen meine ich die Belustigungen, und

Zerstreuungen aller und jeder Art. Aber sie sind eine dürftige Hülle: wer sie braucht weiß schon, daß dahinter so wenig als davor steckt; die Leere schimmert immer durch.
Die Basis des Lebens kann nichts Andres sein als das Beschriebene, da es selbst nur ist durch einen Mißgriff, Fehltritt, durch das was nicht sein sollte: eben deshalb bringt es notwendig so große und unvermeidliche Leiden aller Art mit sich. Diese sind sein anerkannt schlimmster, Mühe und Arbeit (Täuschung) aber, wie Moses sagt, sein köstlichster Teil, haben wir diesen mutwillig zerstört, so kommt eben Langeweile. – Der Kunstgenuß gehört nicht dem Leben an, d. h. nicht dem in Verstand und Sinnlichkeit befangenen Bewußtsein. Die Beschäftigung mit der Kunst ist das schönste Los, weil hier der Mensch geteilt ist zwischen dem Kunstgenuß, und der Mühe und Arbeit. (216)

*

Weil die Gegenwart allein die real erfüllte Zeit ist und unser ganzes wirkliches Dasein in ihr konzentriert und auf sie beschränkt ist; so sollte man sie stets einer heitern Aufnahme würdigen, jede erträgliche und von unmittelbaren Schmerzen freie Gegenwart mit Bewußtsein als solche genießen, d. h. sie nicht trüben durch verdrießliche Gesichter über die verfehlten Hoffnungen der Vergangenheit oder die Sorgen der Zukunft. (217)

*

Wir sind, unser ganzes Leben hindurch, voll Sehnsucht, entweder nach der fernen Zukunft, wie besonders in der ersten Hälfte des Lebens, oder nach der fernen Vergangenheit, wie besonders in der zweiten: aber die Gegenwart, in der allein die Wirklichkeit liegt, befriedigt uns nie. So werden wir endlich inne, daß wir stets nach bestands- und wesenlosen Schatten haschen und nichts finden können, was der Sehnsucht genug täte, d. h. so real wäre, daß es den Willen in uns befriedigen könnte. Dies alles ist bekannt und oft gesagt. Aber nicht so die Einsicht, warum Dies nicht anders sein kann. Eben nämlich weil das Leben und die reale Welt desselben nichts ist als bloßes Bild, Abbild des Willens, bloße Erscheinung, nicht Ding an sich. Daher hat es keine Substanz, keine Realität, sondern ist, wie jedes Bild, bloße Oberfläche ohne Solidität, bloßer Schatten; bloßer Schein. Nicht so der Wille, der nach Befriedigung unablässig strebt: er ist das Reale, das Ding an sich; darum kann ihn keine bloße Erscheinung, kein bloßes Bild befriedigen. Darum kann das Leben dem Willen nie Genüge tun: weil es eben nur dessen eigner Schatten ist. (218)

*

Gewissermaßen ist das Tollste im Leben das Abgetansein jedes Augenblicks, er sei Genuß oder Schmerz; sofern er nicht bestimmte Anker oder Harpunen vorausgeworfen hat in die Zukunft. Was bleibt nun von so einem Augenblick? Die Erinnerung. – Diese aber befaßt nicht den Willen, das Reale, sondern die Vorstellung, das Sekundäre: ich meine: sie befaßt nicht die genossene Wollust, sondern bloß was dabei Vorstellung war, also Nebenwerk: denn das Wesen, das Reale der Wollust ist Wille: – sie befaßt nicht den Schmerz, sondern bloß was dabei Vorstellung war, also Einkleidung: denn das Wesen, das Reale des Schmerzes ist Wille.

Daher begreifen wir weder unsre vergangnen Schmerzen, noch unsere entflohenen Wollüste so recht; sondern haben bloß ihre trockenen Mumien, die Vorstellungen, welche, als Einkleidung, sie begleiten, in kalter Erinnerung. (219)

*

Das Leben der großen und vornehmen Welt ist wirklich nichts andres als ein anhaltender, verzweifelter Kampf gegen die Langeweile. Das Leben der niederen Volksklasse ist ein steter Kampf gegen die Not. Der goldne Mittelstand! (220)

*

Wenn das Leben, in dessen Wollen unser ganzes Wesen besteht, in sich einen Wert oder auch nur einen realen Gehalt hätte; so könnte es gar keine Langeweile geben: sondern das bloße Dasein an sich müßte uns erfüllen und befriedigen.

Nun aber werden wir unsers Daseins allein froh entweder im Streben, wo die Ferne und die Hindernisse das Ziel als befriedigend für uns darstellen, welche Illusion erst nach der Erreichung schwindet; – oder in der bloß intellektuellen Beschäftigung, bei der wir eigentlich immer aus dem Leben herausgetreten sind und es von außen betrachten wie Zuschauer in den Logen. – Selbst im Sinnengenuß ist beständiges Streben. –

So wie wir nicht in einem jener 2 Fälle begriffen, sondern mithin auf das Dasein selbst zurückgewiesen sind, werden wir von der Gehaltlosigkeit und gänzlichen Nichtigkeit desselben überführt, und das ist die Langeweile.

Hier ist aber eigentlich der Punkt, wo sich der enorme Unterschied der Individualität hervortut, deren Mängel durch keine sonstige Vorzüge kompensiert, und deren Vorzüge durch keine anderweitigen Mängel überwogen werden können. Wann Jeder auf sich selbst zurückgewiesen wird, da zeigt sich, was Jeder an sich hat. Da seufzt der Tropf im Purpur unter der unabwälzbaren Last seiner eignen ärmlichen und trübseligen Individualität; und das Genie gestaltet die traurigste Umgebung zu einem Kunstwerk um. (221)

*

Die Gegenwart zu genießen und dies zum Zweck seines Lebens zu machen, ist die größte Weisheit (denn sie ist das allein Reale, alles andere ist imaginär) und es ist die größte Torheit: denn was im nächsten Augenblicke nicht mehr ist, was so ganz verschwindet wie der Traum, hat keinen Wert. Jedem Vorgang unsers Lebens gehört nur auf einen Augenblick das Ist, sodann für endlose Zeit nur das War. – Jeden Abend sind wir um einen Tag ärmer. – Wir würden vielleicht rasend werden, beim Anblick dieses Ablaufens unsrer kurzen Zeitspanne; wenn nicht im tiefsten Grunde unsers Wesen[s] ein heimliches Bewußtsein läge, daß uns der nie zu erschöpfende Brunnen der Ewigkeit gehört, um stets die Zeit und das Leben daraus zu erneuern. Wenn irgend etwas, so zeigt dies die Nichtigkeit unsers Daseins. (222)

*

Die unbestimmte Sehnsucht und die Langeweile sind einander verwandt. (223)

Lebensalter

Er, das Rindvieh *Schulz*[e] sagt, was wahr, daß die Jugend mehr das Trauerspiel, das reifere Alter mehr das Lustspiel besuche und liebe: als Grund gibt die infernale Bestie an, »die liebe Jugend wage gern viel, und das geschehe eben im Trauerspiel, im späteren Alter wisse man aber, daß es im Leben so manches wahre Trauerspiel gäbe und lache daher lieber: zudem schüttele die liebe Jugend auch bald die Trauer wieder ab«. Aber warum schimpfe ich heute, da ich täglich 2 Stunden dulde und schweige? (Psychologie-Vorlesung WS 1810/11 bei G. E. Schulze). (224)

*

Je älter man wird, desto weniger Spuren läßt, was man sieht, tut und erlebt, im Geiste zurück: denn es macht keinen Eindruck mehr: man ist abgestumpft: daher hat die Zeit unsres Lebens eine beschleunigte Bewegung wie eine herabrollende Kugel: die Tage werden immer unbedeutender und dadurch kürzer. – Große Wahrheiten lassen sich nur erschauen, nicht errechnen, d. h. sie werden durch den Eindruck hervorgerufen: und dieser eben nimmt so sehr ab in der 2ten Hälfte des Lebens. Daher ist die Jugend die befruchtende Zeit, der Frühling des Geistes, und von ihrer Benutzung hängt alles ab. – Im spätern Alter können wir mehr auf Andre, auf die

Welt, wirken, weil wir vollendet sind und nicht mehr dem Eindruck angehören; aber die Welt wirkt weniger auf uns. Es ist die Zeit des Tuns, nicht des Erkennens. (225)

*

Welch ein Abstand zwischen seinem Anfang und seinem Ende! jener in der Hitze und dem Entzücken der Wollust; dieses in der Zerstörung seiner Organe und dem Moderduft der Leichen. Der Weg dazwischen geht in Hinsicht auf unser Wohlsein und Lebensgenuß allmählich bergab: die selige Kindheit, die glückliche Jugend, das mühselige Mannesalter, das jämmerliche Greisentum.
Ist es nicht, als wäre das Dasein ein Fehltritt, dessen Folgen allmählich und immer mehr offenbar würden. (226)

*

Die Heiterkeit und der Lebensmut unsrer Jugend rührt großen Teils daher, daß wir im Aufsteigen den Tod nicht sehn, weil ihn der Gipfel verbirgt. Sind wir über den Gipfel hinaus, dann werden wir den Tod, den wir bisher nur von Hörensagen kannten, ansichtig: der Lebensmut erstarrt, die Kraft ermattet und ein finstrer Ernst nimmt uns in Besitz. (227)

*

Daß alle Eindrücke, die wir in der Jugend erhalten, so bedeutsam sind und wir im Morgenrot des Lebens Alles so idealisch, so verklärt erblicken, kommt daher, daß der einzelne Fall uns mit der Gattung bekannt macht, die uns noch neu ist, daher ist, was wir erkennen, eigentlich die Idee der Gattung und solcher ist Schönheit wesentlich. (228)

*

Die Jugend heißt die glückselige Zeit des Lebens, und das Alter die traurige. Das wäre wahr, wenn die Leidenschaften glücklich machten. Von ihnen wird die Jugend stark bewegt und hat davon wenig Lust und viele Pein. Das kühle Alter wird nicht so davon hin- und hergerissen, hat Ruhe und bekommt einen kontemplativen Anstrich: die Erkenntnis ist an sich schmerzlos: je mehr sie allein das Bewußtsein füllt, desto glücklicher ist es. Man halte nur fest, daß alles Glück negativ, der Schmerz positiv ist: da wird das Konto der Leidenschaften bald klar sein. Wo läge denn das Traurige des Alters? – In Krankheit und Langerweile. Erstere ist ihm gar nicht wesentlich: gegen letztere schützt Geist und Gelehrsamkeit. Auch läuft die Zeit im Alter schneller. Die Geisteskräfte nehmen zwar auch ab: aber an sich macht der hohe Grad derselben, das Genie, nicht glücklich. Und um die Langeweile zu bekämpfen wird genug übrig bleiben, wo viel war. Auch nimmt von einer andern Seite durch Erfahrung, Kenntnisse, Übung, Nachdenken die Einsicht immer noch zu und ersetzt in gewissem Grade die Abnahme der eigentlichen Kräfte des Geistes. Der Verlust der Körperkräfte schadet wenig, wo man sie nicht zum Erwerb braucht. Aber Armut im

Alter ist ein Unglück. Ist diese gebannt und die Gesundheit geblieben; so kann das Alter der erträglichste Teil des Lebens sein. (229)

*

Das, was man am richtigsten erkennt, erkennt man so unmittelbar, so deutlich und sicher, daß man es gar nicht ins reflektierte Bewußtsein bringt, sondern bloß wie instinktmäßig danach handelt; also geht eine solche Erkenntnis ins Handeln über, ohne ins deutliche Bewußtsein gekommen zu sein ... – Daher verfolgt und ergreift Jeder, dem nicht von Außen oder von seinen eignen falschen Begriffen Gewalt geschieht, das ihm Angemessene, ohne sich darüber Rechenschaft geben zu können. Das ist der Leitstern, der geheime Zug, der Jeden richtig auf den Weg bringt, der für ihn der allein rechte ist, und dessen gleichmäßige individuelle Richtung er erst gewahr wird, wenn er ihn zurückgelegt hat.

Z. B. so habe ich stets mich isoliert, während, in der Jugend, ich nach Gesellschaft seufzete: ich erkannte nämlich, ohne Reflexion, d. h. ohne es zu wissen, die ganze Lumpigkeit des Packs, und das »Ihr könnt mir nichts sein; ich euch nichts« – war nicht als Gedanke, sondern als Gefühl vorhanden und leitete mich – in die Einsamkeit, die ich beseufzte. – In der Jugend ist die Einsamkeit unnatürlich, dem Alter ist sie der natürliche Zustand. Daher ist eine den Übrigen unähnliche Individualität in der Jugend beschwerlich, im Alter erleichternd. (230)

Wir haben gewacht und werden wieder wachen; das Leben ist eine Nacht, die ein langer Traum füllt, der oft zum drückenden Alp wird. (231)

*

Wie in unsern Träumen Verstorbene als Lebende auftreten, ohne daß ihres Todes auch nur gedacht werde; so wird nachdem unser jetziger Lebenstraum durch einen Tod geendigt, alsbald ein neuer anheben der nichts weiß von jenem Leben und jenem Tode.

We are such stuff as dreams are made off,
And our little life is rounded with a sleep.
Shakspeare.

(232)

*

Nichts ist abgeschmackter als die Märchen zu verlachen vom Faust und Andern, die sich dem Teufel verschrieben. Das einzige Falsche an der Sache ist nämlich nur Dies, daß es von Einzelnen erzählt wird, wir aber Alle in dem Fall sind und das *pactum* geschlossen haben. Wir leben, streben entsetzlich, das Leben (das doch nur eine lange Galgenfrist ist) uns zu erhalten, (wir füttern emsig den Delinquenten, der doch hängen muß), wir genießen, und für alles das müssen wir sterben, sind dafür dem Tode anheimgefallen, mit dem es nicht Spaß ist, sondern bittrer Ernst, er ist eben wirklich der Tod, für alle Zeitliche

Wesen, für uns wie für die Tiere, für die Tiere wie für die Pflanzen, ja wie für jeden Zustand der Materie. So ist's, und das empirische vernünftige Bewußtsein ist wirklich keines Trostes fähig. Dagegen aber auch ist ewige Qual nach dem Tode ein Unding, so gut als ewiges Leben: denn das Wesen der Zeit, ja des Satz[es] vom Grunde, von dem die Zeit nur eine Gestaltung ist, ist eben dieses, daß nichts Festes, wirklich Bestehendes sein kann, alles nur vorüber fliegt, nichts dauert, nichts beharrt. »Die Substanz beharrt« sagen sie. Aber Kant sagt ihnen: sie ist kein Ding an sich, sondern nur Erscheinung: er meint: sie ist nur unsre Vorstellung, wie alles Erkennbare: und wir sind keine Substanz, noch Substanzen. (233)

*

Der Jammer des Lebens geht schon genugsam aus der einfachen Betrachtung hervor, daß das Leben der allermeisten Menschen nichts ist als ein beständiger Kampf um diese Existenz selbst, mit der Gewißheit, ihn zuletzt zu verlieren. Ist nun aber die Not weit zurückgedrängt und ihr ein Stück Feldes abgewonnen, so tritt sogleich furchtbare Leere und Langeweile ein, gegen welche der Kampf fast noch quälender ist. Dieses daher, weil der Mensch an sich Erscheinung des Willens ist, sein Dasein daher in beständigem rastlosen Wollen und Streben bestehn muß; ist ihm dieses durch die Befriedigung entnommen, so entsteht eben jene Leere, durch die er sich selbst zur Last ist. Denn die Freude des ruhigen Genusses der Erkenntnis ist nur höchst Wenigen und auch diesen nur auf einen kleinen Teil ihrer Zeit gegeben. Das Wollen selbst aber wiederum muß den Mangel, folglich das Leiden, zur Unterlage haben. So ist von allen Seiten das Leben wesentlich ein Leiden. Bedenkt man ferner die entsetzlichen Leiden und Qualen, denen das Leben eines jeden offen steht, so muß man von Grausen ergriffen werden. Sehr leicht können sie so anwachsen, daß der Tod, in der Flucht vor welchem das ganze Leben besteht, wünschenswert und freiwillig ergriffen wird. Aber selbst diese Zuflucht kann uns entrissen werden und wir den grausamsten Martern ohne Rettung Preis gegeben. Vergebens ruft der Gequälte dann eine außerweltliche Macht um Befreiung an: es gibt keine: er ist ohne Gnade dem Schicksal Preis gegeben. Aber diese Rettungslosigkeit ist eben nur der Spiegel der Unbezwinglichkeit des Willens, dessen Erscheinung der Mensch ist. So wenig eine Macht außer ihm diesen Willen aufheben oder wenden kann, sondern dies einzig und allein nur durch ihn selbst, bei Vermittelung der Erkenntnis, geschehn kann; eben so wenig gibt es eine Macht, die ihn von den möglichen Qualen des Lebens befreien kann, da dies Leben eben nur die Erscheinung des Willens ist. Hat aber der Wille sich gewendet, so haben selbst die größten Martern eigentlich keine Gewalt über den Menschen, denn er genehmigt sie freiwillig, wie wir dies an den Saniassis und Märtyrern sehn und an denen, welche ohne allen äußern Antrieb, den langsamen Hungertod, die größte Marter, erwählen. – Man wird fragen: »ist denn also die Selbstpeinigung, der Hungertod, die Pflicht, die höchste Bestimmung des Menschen und der einzige rechte Weg?« – Aber solche Frage ist töricht. Es gibt kein absolutes Soll für den Willen; alles Soll ist wesentlich relativ; es gibt daher keine Bestimmung des Menschen; denn alle Bestimmung kann nur dem zukommen, was seinen Zweck und seinen Ursprung außer sich hat: was jeder will, das ist er, und was dies, das er ist und will, sei, das zeigt ihm der Spiegel des Willens, den wir Leben oder Welt nennen: er zeigt ihm, was er will, und wie sehr er es will. Wendet sich der Wille, so ist er in diesem Spiegel nicht mehr zu sehn: wir fragen vergeblich, wohin er sich jetzt wendet; wir schreien töricht, daß er ins Nichts verloren gehe. Der, dessen Wille sich aufhebt und wendet, kann uns und seiner eignen Reflexion keine Rechenschaft geben; denn was da lebt und ist und denkt, ist eben noch der Wille zum Leben selbst: und das, was in der Aufhebung dieses Willens besteht, kann jenem auf keine Weise gegeben werden, muß ihm ein Nichts sein: nur der, welcher es ergriffen, welcher seinen Willen aufgehoben, erkennt es, aber auch nur sofern er es ist, in diesem Akt selbst, nicht außer dem, noch weniger für Andre. (234)

*

Der Wille zum Leben äußert sich eben so sehr im Wunsch des Todes, dessen Ausdruck der Selbstmord ist, durch welchen nicht das Leben selbst, sondern nur dessen gegenwärtige Erscheinung, nicht die Species, sondern nur das Individuum, verneint und aufgehoben wird, wobei die innre Gewißheit, daß dem Willen zum Leben seine Erscheinung nie fehlen kann und er ohngeachtet des Todes des sich mordenden Individuums in unzähligen andern lebet, die Tat unterstützt; – ich sage in diesem Selbsttöten *(Schiwa)* erscheint der Wille zum Leben sogut als im Wohlbehagen der Selbsterhaltung *(Wischnu)* oder auch in der Wollust der Zeugung *(Brahma)*. Dies ist die innre Bedeutung der Einheit der *Trimurti*, welche jeder von uns ist und bald das eine, bald das andre der 3 Häupter herausstreckt wie auch davon, daß grade *Schiwa* den *Lingam* zum Attribut hat. (235)

*

Es ist unglaublich wie nichtssagend und bedeutungsleer, von Außen gesehn, und wie dumpf und besinnungslos, von Innen empfunden, das Leben der meisten Menschen dahinfließt. Es ist ein mattes Sehnen und träumerisches Taumeln durch die 4 Lebensalter hindurch bis zum Tode. Jedes Individuum jedes Menschengesicht und sein Lebenslauf ist nur ein Traum mehr des unendlichen Naturgeistes, ein flüchtiges Gebilde mehr, das er hinzeichnet auf eine gegen die Unendlichkeit der Zeit verschwindend kleine Weile, wo es dann, ausgelöscht, andern Platz macht. Aber, und hier liegt das Bedenkliche des Lebens, jedes dieser Individuen, dieser flüchtigen Menschengesichter muß vom ganzen Willen zum Leben in seiner Heftigkeit mit einem wirklich empfundenen bitteren Tode bezahlt werden. Darum macht uns der Anblick einer Leiche so ernst. (236)

*

Da uns schon so unaussprechlich wohl wird, wenn wir nur auf Augenblicke vom grimmen Willensdrang erlöst werden dadurch, daß die ästhetische Kontemplation der schönen Natur oder irgend eines Kunstwerks uns in den Zustand des willensreinen Erkennens versetzt, worin eben großen Teils die Wirkung des Schönen besteht, da diese Momente, wo wir gleichsam aus dem schweren Erdenäther nur augenblicklich auftauchen[,] die seligsten sind, die wir kennen; so können wir hieraus schließen, wie selig das Leben eines Menschen sein muß, dessen Willen nicht auf Augenblicke, sondern auf immer schweigt und gänzlich erloschen ist bis auf den letzten glimmenden Funken in der Asche, der mit dem Tode des Leibes erst erlischt: eines solchen, der nun, nachdem er gänzlich überwunden hat, nur noch als rein Erkennendes Wesen, reiner Spiegel der Welt übrig geblieben ist: befreit von aller Qual des Begehrens und Fürchtens, blickt er lächelnd auf die Gaukelbilder dieser Welt zurück, die einst auch sein Gemüt bewegen und peinigen konnten, wie auf die umgestürzten Schachfiguren nach geendigtem Spiel: diese Gestalten stehn nur noch vor ihm wie ein leichter Morgentraum durch den schon die Wirklichkeit durchschimmert und der nicht mehr täuscht. Vergegenwärtigen wir uns die Himmelsruhe eines solchen Lebens, wie sehnsüchtig blicken wir dann danach hin aus dem tiefen Jammer und Verderben, die uns noch umstrikken, wo das Wollen als Begier, Furcht, Neid, Zorn an tausend Fäden uns gebunden hält und uns daran aufs schmerzlichste hin und her reißt, so daß auch der V[er]stand, dadurch umnebelt und verwirrt, vielfältig Irrtümer aufnimmt die wir einst büßen müssen. (237)

*

Das Leben selbst ist ein Meer voller Klippen und Strudel, die der Mensch mit größter Behutsamkeit und Sorgfalt vermeidet, obwohl er weiß, daß wenn es ihm auch gelingt, mit aller Anstrengung und Kunst sich durchzuwinden, er eben dadurch mit jedem Schritt dem größten, dem totalen, dem unvermeidlichen und unheilbaren Schiffbruch näher kommt, ja grade auf ihn zusteuert, dem Tode: dieser ist das endliche Ziel der mühseligen Fahrt und schlimmer als alle Klippen, denen man auswich. (238)

*

Ganz jammervoll und zum verzweifeln wird die Lage des Menschen dann, wenn er das wesentliche Ziel alles seines Wollens deutlich erkennt und zugleich die Unmöglichkeit, es je zu erreichen; dabei aber so wenig von diesem Wollen ablassen kann, daß er vielmehr durch und durch gar nichts ist als eben dieses Wollen, dessen Vergeblichkeit er deutlich erkennt. Macht ihn diese Erscheinung, die er selbst ist, endlich völlig ungeduldig, so greift er zum Selbstmord. Bis dahin lebt er in innrer Verzweiflung und Verschrobenheit aller Gedanken. (239)

*

Ist doch jede Lebensgeschichte eine Leidensgeschichte! und Ihr tadelt's, daß ich sage, Leben ist Leiden. (240)

*

In Prosa und Versen, im gemeinen Leben und in Büchern ist gar oft die Rede von einer besseren Welt; welches anzeigt, daß man voraussetzt, kein vernünftiger Mensch könne die gegenwärtige für die beste halten: diese Behauptung, welche den Optimismus ausmacht, gehört also zu jenen Rasereien, welche auszusprechen die Philosophen allein privilegiert sind. (241)

*

Wenn ein Gott diese Welt gemacht hat, so möchte ich nicht der Gott sein: ihr Jammer würde mir das Herz zerreißen. (242)

*

Der große Schmerz, den uns der Tod eines genau Bekannten und Befreundeten verursacht, entsteht aus dem Bewußtsein, daß in jedem Individuo etwas nur ihm Eigenes, etwas schlechthin Unwiederbringliches liegt: auch im Tierischen Individuo: dort wird man es am lebhaftesten inne, wenn man ein sehr geliebtes Tier zufällig tödlich verwundet hat und nun seinen Scheideblick empfängt, was einen unaussprechlichen Schmerz verursacht. (243)

*

Eine erhabene Melancholie der Stimmung, wo man von der Wertlosigkeit aller Dinge, aller Genüsse und aller Menschen eine innige Überzeugung lebendig in sich trägt und daher nichts begehrt und nach nichts verlangt, sondern das Leben als eine bloße Bürde fühlt, die bis zum Ende, das nicht fern sein kann, getragen werden muß, ist eine weit glücklichere Stimmung, als irgend ein begehrender Zustand, der den Gaukelbildern Wert beilegt und danach hascht, sei er auch noch so heiter. – Dies lehrt *a posteriori* die Erfahrung, und *a priori* ist es daraus klar, daß letzterer ein Zustand der Täuschung, ersterer ein Zustand der Erkenntnis ist. (244)

*

Wir sind der Natur einen Tod schuldig und denken mit Beklemmung an diese Schuld: ist das nicht ein Beweis, daß unser Dasein eine Schuld, ein Vergehn, ein Fehltritt ist? (245)

*

Beim Schachspiel ist der Zweck (den Gegner matt zu machen) willkürlich angenommen, die Mittel dazu sind in breiter Möglichkeit gegeben, die Schwierigkeit ist offenbar, und je nachdem wir die Mittel klüglich benutzen, werden wir zum Ziel kommen. Man entriert das Spiel beliebig.

Ganz ebenso ist es mit dem Menschenleben, nur daß man nicht beliebig, sondern gezwungen entriert, und der Zweck (Leben und Dasein) uns zwar zu Zeiten als ein willkürlich angenommener erscheint, den man auch allenfalls aufgeben könnte aber doch eigentlich ein natürlicher ist, d.h. den man nicht aufgeben kann, ohne seine eigne Natur aufzugeben. Denken wir unser Dasein als das Werk fremder Willkür, so müssen wir die schlaue Schalkheit des schaffenden Geistes bewundern, der es gelang, uns einen momentanen und notwendig sehr bald bei Seite zu legenden Zweck, dessen Nichtigkeit sogar notwendig der Reflexion deutlich wird, Leben und Dasein so angelegen zu machen, daß wir, mit größtem Ernst darauf hinarbeitend, alle Kräfte ins Spiel setzen, obwohl wir wissen, daß sobald die Partie zu Ende ist, der Zweck für uns nicht mehr existiert, und wir im Ganzen nicht angeben können, was uns den Zweck so angelegen macht, sondern dies so beliebig angenommen scheint, als der Zweck, dem fremden König Schach zu bieten, wir jedoch, immer nur auf die Mittel bedacht, über den Zweck nicht weiter sinnen und brüten: dies ist offenbar dadurch erreicht, daß unsre Erkenntnis bloß fähig ist, nach Außen und durchaus nicht nach Innen zu sehn, worein wir uns, weil es einmal nicht anders ist, ein für alle Mal gefunden haben. (246)

*

Wir müssen zu einem vollkommnen Verständnis des Bewußtseins der Tiere gelangen können, da selbiges bloß durch Wegnahme einiger Eigenschaften des unsrigen zu konstruieren ist: mit Ausnahme des Instinkts und der Kunsttriebe und etwa der Geruchsnerven-Gehirnlappen der Gattung *Canis*. Die Tiere leiden unendlich weniger als wir, weil sie keine andern Schmerzen kennen als die, welche die Gegenwart unmittelbar herbeiführt: die Gegenwart ist ausdehnungslos; Zukunft und Vergangenheit, in denen unsre Leiden liegen, sind unendlich und enthalten neben dem Wirklichen noch das bloß Mögliche. Die Leiden, die rein der Gegenwart gehören, können bloß physisch sein: Das größte derselben ist der Tod: der kann aber vom Tiere nicht empfunden werden, weil es nicht mehr ist, sobald er eintritt. Wie beneidenswert ist das Los der Tiere! (247)

*

So widerspricht dem *Leibnitz*schen Optimismus das augenfällige Elend des Daseins: Die Lehre der Wolfischen Philosophie, daß der Mensch nicht das Werk seines eigenen, sondern eines fremden Willens sei, ist unvereinbar mit der unbezweifelten moralischen Zurechnungsfähigkeit des Menschen, da er handelt, nachdem er ist: und hat er seine *essentia* und *existentia* von einem Andern, so fällt auf diesen die Schuld seiner Vergehen und seiner Schlechtigkeit zurück. Die Lehre, daß der Mensch aus nichts geschaffen sei, ist im Widerspruch mit der andern, daß er unsterblich sei: Denn was einen Anfang genommen, wird auch ein absolutes Ende erreichen. (248)

*

Le bonheur n'est qu'un rève & la douleur est réelle, sagt *Voltaire.* Aber während wir vom Schmerz frei sind, spiegeln unruhige Wünsche uns die Schimären eines Glückes vor, das gar nicht existiert, verleiten uns, sie zu verfolgen, und dadurch bringen wir den Schmerz, der unleugbar real ist, auf uns herab. Dann jammern wir über den verlornen schmerzlosen Zustand, der wie ein verscherztes Paradies hinter uns liegt und wünschen vergeblich, das Geschehene ungeschehn machen zu können. So scheint es, als ob ein böser Dämon uns aus dem schmerzlosen Zustand, der das höchste reale Glück ist, stets herauslockte durch die Gaukelbilder der Wünsche. Vorzüglich in diesem Sinne ist es treffend, wenn *Voltaire* das Leben *une mauvaise plaisanterie* nennt. (249)

*

So oft ein Mensch stirbt, geht eine Welt unter, nämlich die er in seinem Kopfe trägt: je intelligenter der Kopf, desto deutlicher, klarer, bedeutender umfassender diese Welt: desto schrecklicher ihr Untergang. Mit dem Tier geht nur eine ärmliche Rhapsodie oder Skizze einer Welt unter. (250)

*

Denkt man sich einen schaffenden Dämon, so wäre man doch berechtigt, auf seine Schöpfung weisend, ihm zuzurufen: »Wie wagtest Du die heilige Ruhe des

Nichts abzubrechen, um eine solche Masse von Wehe und Jammer hervorzurufen!« (251)

*

Der Egoismus besteht darin, daß der Mensch wähnt, nur in seiner eignen Person zu existieren, nicht in den andern. Der Tod belehrt ihn eines Bessern: denn er hebt seine Person gänzlich auf, – läßt ihn nur noch in den Andern fortleben: denn das Dasein, welches dem Menschen nach dem Tode bleibt, ist sein Dasein als Ding an sich, d. h. als Wille zum Leben, und solcher erscheint jetzt nur noch in den Erscheinungen, welche aus der Erscheinungsreihe nicht herausgefallen sind, d. h. den noch nicht gestorbenen Wesen. Beim Tode erfährt daher der Egoismus durch die Aufhebung der eignen Person die gänzlichste Durchkreuzung und Zermalmung. Daher die Todesfurcht. Der Tod ist demnach die Belehrung, welche dem Egoismus durch den Lauf der Natur wird.

Denn alles, was entsteht,
Ist wert, daß es zu Grunde geht:
Drum besser wär' es, nichts entstünde...

(252)

*

Die Träume, von denen Hamlet redet, welche im Todesschlaf kommen möchten, – wollt ihr kennen lernen? – Blickt um euch! unsre jetzige Existenz, diese Welt, dieses Leben; das sind jene Träume. (253)

*

Wenn, wie ich gesagt habe, jedes Menschenleben, im Ganzen überblickt, die Eigenschaften eines Trauerspiels zeigt, und wir sehn, daß dasselbe in der Regel nichts anderes ist als eine Reihe fehlgeschlagener Hoffnungen, vereitelter Entwürfe und zu spät erkannter Irrtümer, und an ihm der traurige Vers seine Wahrheit behauptet

Till grief and old age hand in hand
Lead him to death, & make him understand,
After a course so painfull & so long,
That all his life he has been in the wrong

– so stimmt dies ganz und gar mit meiner Weltansicht überein, welche das Dasein selbst betrachtet als etwas, das besser nicht wäre, als eine Art Verirrung von der die Erkenntnis derselben uns zurückbringen soll. Der Mensch, ὁ ανθρωπος *is in the wrong* schon im Allgemeinen, sofern er da ist und Mensch ist: folglich ist es ganz dem entsprechend, daß auch jeder individuelle Mensch, ὁ τις ανθρωπος, sein Leben überblikkend, sich durchgängig *in the wrong* findet: daß er es im Allgemeinen einsehe, ist seine Erlösung, und dazu muß er damit anfangen, es im einzelnen Fall, d. i. in seinem individuellen Lebenslauf, zu erkennen. Denn *quidquid valet de genere, valet & de specie.* (254)

*

Die Menschen sind Puppen, die nicht von äußern Fäden gezogen, sondern von einem innern Uhrwerk getrieben werden: daher dem Zuschauer von Außen ihre Bewegungen unerklärlich sind. Das ist so gemeint: wenn man das rastlose, emsige, ernstliche Treiben der Menschen vergleicht mit dem, was ihnen dafür wird, ja auch nur werden kann; so ist gar kein Verhältnis: und dies zu Erlangende als bewegende Kraft genommen zur Erklärung jener Bewegung (des steten Treibens aller Menschen) ist ganz unzulänglich und viel zu schwach. Denn was ist ein geringer Aufschub des Todes, eine kleine Erleichterung der Not, Zurückschiebung des Schmerzes, momentane Stillung der Wünsche, bei so häufigem Siege jener aller und gewissem des Todes, – was sind diese alle, betrachtet als Bewegungsursachen einer zahllosen sich endlos erneuernden Menschenwelt, die in jedem Augenblick sich rührt, treibt, quält, drängt, zappelt, ja die ganze tragikomische Weltgeschichte aufführt, – und, – was mehr als alles sagt, – ausharrt in einer solchen Spott-existenz so lange als möglich! – Offenbar ist diese Bewegung und dies Ausharren gar nicht zu erklären, wenn wir die bewegende Ursache außerhalb der Figuren suchen, und das menschliche Geschlecht uns denken wie in Folge vernünftiger Überlegung oder so etwas (als ziehende Fäden) strebend nach jenen ihm dargebotenen Gütern, deren Erlangung ein angemessener Lohn wäre für seine Bemühungen. Stände es so; so würde Jeder sagen: *»le jeu ne vaut pas la chandelle«* und ginge aus dem Leben hinaus. Aber, wie eben gesagt, von Außen werden diese Puppen nicht gezogen und bewegt, sondern jede trägt ein Uhrwerk in sich, wodurch die Bewegungen, ganz unabhängig von den äußern Gegenständen, auf die sie gerichtet sind, erfolgen. Dieses Uhrwerk ist der Wille zum Leben: ein unermüdlicher und unvernünftiger Trieb: d. h. etwas, darüber die Außenwelt keine Erklärung und Rechenschaft oder sonst zureichenden Grund erhält. Der ist der *Deus in machina.* Der treibt sie, während sie nur scheinbar von Gegenständen gezogen werden, die an sich durchaus nicht die Kraft dazu haben: der hält sie fest auf einem Schauplatz, von welchem sie sonst augenblicklich wegflögen. Die äußern Gegenstände, als Motive, bestimmen bloß die Richtung der Bewegung dieser Puppen, keineswegs enthalten sie den zureichenden Grund der Bewegung selbst: sonst wäre die Ursach der Wirkung gar nicht angemessen. Aus diesem allen geht eigentlich hervor, daß das Leben der Mühe offenbar nicht wert ist und daher nicht selbst Zweck sein kann. (255)

*

Ehe man so sicher ausspricht, daß das Leben ein wünschenswertes, oder ein dankenswertes Gut ist; vergleiche man ein Mal gelassen die Summe der nur irgend möglichen Freuden, die ein Mensch in seinem Leben genießen kann, mit der Summe der nur irgend möglichen Leiden, die ihn in seinem Leben treffen können. – Ich glaube die Rechnung wird klar sein. – (256)

*

Und wenn es Einem einfiele zu fragen, warum nicht lieber gar Nichts sei, als diese Welt; so ließe sich diese Welt nicht aus sich selbst rechtfertigen, kein Grund, keine *causa finalis* für ihr Dasein in ihr selbst zu finden, nicht zeigen, daß sie um ihrer selbst willen da wäre. –
In der Tat ist das Prinzip ihres Daseins grundlos: blinder Wille als Ding an sich dem Satz vom Grunde nicht unterworfen. (257)

*

Das Leben ist offenbar kein Geschenk zum Genießen, sondern eine Aufgabe, ein Pensum, zum Abarbeiten. Jedes Lebende bewacht und beschützt sein Leben, gleichwie ein ihm bei schwerer Verantwortlichkeit anvertrautes Pfand, unter tausend Sorgen und Nöten, darunter eben das Leben hingeht; aber den Lohn dafür, oder das Warum und Wofür sieht man nicht. Er hat den Wert jenes Pfandes auf Treu und Glauben gelten lassen, ohne selbst zu wissen, worin er besteht. Darum ist bei mir das Ding an sich blinder Wille zum Leben. Dieser ist gleich, und an sich sogar identisch, jeder erkenntnislosen Naturkraft, und zeigt sich auch im Menschen und Tier also, sobald die Erkenntnis augenblicklich aufhört, ihn zu zügeln und zu regieren. (258)

*

Es ist sehr überflüssig zu streiten, ob des Guten oder des Übeln mehr in der Welt sei. Genug des Übeln ist da und zwar in sehr hohem Grade, und da kann es nicht durch irgend ein Gutes getilgt und ausgeglichen werden: daß Tausende in Wonne lebten, höbe nicht die Todesmarter und Angst eines Einzigen auf. Und wäre des Übeln hundert Mal weniger in der Welt, als der Fall ist; so wäre dennoch dessen bloßes Dasein ganz hinreichend eine Wahrheit zu begründen, welche sich auf verschiedene Weise, aber immer nur etwas indirekt ausdrücken läßt, nämlich, daß wir uns über das Dasein der Welt nicht zu freuen, vielmehr zu betrüben haben; – daß es besser wäre, die Welt wäre nicht; – daß die Welt etwas ist, das im Grunde nicht sein sollte u. s. w. (259)

*

Der Tod vernichtet die Individualität, daher wird, wer sich dieser nicht schon vorher dadurch, daß er jeden Andern sich gleich setzt, entäußert hat, im Tode seinen Untergang empfinden: denn er hat kein andres Dasein als das individuelle. Dies ist gewissermaßen die ewige Verdammnis. (260)

*

(Wir finden die Philosophen, fast ohne Ausnahme, bemüht, darzutun, daß das, was wir Dasein nennen, des Todes ungeachtet, von unendlicher Dauer sei, indem sie vermeinen, wenn sie nur dieses uns gesichert haben, ihre Hauptaufgabe gelöst und den angelegensten unsrer Wünsche erfüllt zu haben. Daß sie hierin sehr irren, wird man nicht leicht einsehn, und doch ist es der Fall.) Daß der Tod dieses unser Dasein wo wenig anficht, als der heftigste, Alles fortreißende Sturm den stillen Lichtstrahl zu erschüttern vermag, ist am sichersten und einfachsten daraus abzunehmen, daß Jeder in diesem Augenblick, bis zu welchem doch schon eine vollkommen unendliche Zeit abgelaufen ist, da ist, denn dies beweist daß sein Dasein von der Zeit und Allem, was in ihr vorgehn kann, also auch vom Sterben nicht zerstört werden kann, mithin vom innersten Kern seines Wesens unzertrennlich, diesem wesentlich ist und keineswegs von Außen ihm beigegeben, oder zufällig: und daß folglich, aus der wahren und erschöpfenden Definition seines Wesens (wenn man sie nur hätte) sein Dasein folgen, also ontologisch zu beweisen sein würde. Die Betrachtung der Beschaffenheit dieses Daseins aber sollte zu der Einsicht leiten, daß es keineswegs ein wünschenswerter Zustand ist, und deshalb sollten die Philosophen sich vielmehr bemüht haben, auszufinden, ob es einen Weg aus demselben hinaus gebe, und welcher es sei, also eine Erlösung von der zeitlichen Existenz, in welcher wir beständig sterben und doch immer dasind. (261)

*

Wir kommen, wie die Kinder liederlicher Väter, schon verschuldet auf die Welt, und weil wir allezeit diese Schuld abverdienen müssen, ist unser Dasein so elend und hat den Tod zum Finale. (262)

*

Alle Menschen wollen leben, aber keiner weiß, weshalb er lebt. (263)

*

Weder unser Tun noch unser Lebenslauf ist unser Werk; wohl aber Das, was Keiner dafür hält: unser Wesen und Dasein. Denn auf Grundlage dieses und der in strenger Kausalverknüpfung eintretenden Umstände und äußern Begebenheiten geht unser Tun und Lebenslauf mit vollkommner Notwendigkeit vor sich. Demnach ist schon bei der Geburt des Menschen sein ganzer Lebenslauf, bis ins Einzelne, unwiderruflich bestimmt; so daß eine Somnambule in höchster Potenz ihn genau vorhersagen könnte.
Wir sollten diese große und sichere Wahrheit im Auge behalten, bei Betrachtung und Beurteilung unsers Lebenslaufs, unsrer Taten und Leiden. (264)

*

Die entsetzlichen Schmerzen, welchen jeder Teil unsers Leibes, jeder Nerv, offen steht, könnten nicht sein, wenn wir, oder dieser Leib, nicht etwas wären, das nicht sein sollte.
Dies ist ein Satz, den Wenige verstehn werden. (265)

*

Wenn man sich recht besinnt, wird man finden, daß Alles, was vergeht, eigentlich nie wahrhaft gewesen ist. (266)

Unzerstörbarbeit

Daß ich nach dem Tode fortdauere, sofern ich das reine Subjekt des Erkennens bin, welches außer der Zeit und dem Satz vom Grund überhaupt liegt: dies kann meinem persönlichen Ich (dieser vom Subjekt des Erkennens beleuchteten Willenserscheinung) und dessen Selbstsucht und Lebenswille[n] so wenig Trost geben, als daß nach meinem Tode diese Außenwelt immer fortdauert: denn wirklich ist dies letztere, nur objektiv ausgedrückt, dasselbe als ersteres. Auch mein Wille zum Leben erlischt nicht durch den Tod, sondern dauert fort, aber nur an sich, folglich außer der Zeit, nicht aber sofern er erkannt wird, d. h. Erscheinung ist und nur als solche ist das *principium individuationis* seine Form. (267)

*

Daß der Gedanke des gewissen und nie sehr fernen Todes Keinen merklich beunruhigt und die Sicherheit stört, mit der er dahinlebt, als müßte er ewig leben, – ja daß sogar Keiner fortdauernd einen lebendigen Glauben an seinen Tod hat, sonst zwischen seiner Stimmung und der des verurteilten Delinquenten kein so großer Unterschied sein könnte, sondern eigentlich diese Wahrheit nur *in abstracto* und theoretisch anerkennt, übrigens aber ihn bei Seite legt wie andre theoretische Wahrheiten, die aber auf die Praxis nicht anwendbar, und ihn nicht in sein lebendiges Bewußtsein aufnimmt: dies ist gar nicht aus der empirischen Psychologie durch die Gewohnheit und das Sichzufriedengeben über ein unabwendbares Übel zu erklären; sondern hat einen viel tiefern Grund in der auch im gemeinsten Bewußtsein vorhandenen, nicht deutlichen, d.i. nicht abstrakten, sondern unmittelbaren und bloß (wie man spricht) gefühlten Gewißheit, daß Jeder der ganze Wille zum Leben ist, dessen bloße Objektivation die Welt ist, daß das Aufhören und Anfangen nur zur Art und Weise dieser Objektivation gehöre, nicht aber den Willen, also auch nicht sein eigentliches Selbst treffe. Dieses Bewußtsein ist es auch, was, eben weil es nicht zur Deutlichkeit gelangt ist, den Dogmen von Unvergänglichkeit des Individuums so starken Glauben verschafft, obgleich die Beweise für solche Dogmen sehr schwach und die gegen dieselben stark und zahlreich sind, ja das Gegenteil dem gesunden Verstande unmittelbar einleuchtet. (268)

*

Auf Anfragen nach der Fortdauer nach dem Tode (im täglichen Umgang) ist zunächst die richtige Antwort: »nach Deinem Tode wirst Du sein, was Du vor Deiner Geburt warst.« – Denn sie impliziert, daß es absurd sei, die Art von Existenz, die einen Anfang hatte, ohne Ende zu wollen, – und 2^tens^ deutet sie an, daß es wohl zweierlei Existenz und zweierlei Nichts geben möchte.

Näher kann man antworten: »Das Bewußtsein

geht unter und endet; aber nicht das, was das Bewußtsein hervorbrachte.« (269)

*

Daß wir als Wille zum Leben, Ding an sich, außer der Zeit liegend, frei sind vom Vergehn wie vom Entstehn, ist eine höchst abstrakte spekulative Erkenntnis, die durchaus zu keiner Anschaulichkeit gebracht werden kann. Ich habe in meinem Werk bemerkt, daß diese Unsterblichkeit, wenn man sie in der Erkenntnis, die dem Satz vom Grunde folgte, wiedergeben wollte, zusammenfiele mit dem Fortbestehn der übrigen Außenwelt nach unserm Tode. (270)

*

Wenn uns die Einsicht in die notwendige Vergänglichkeit des Individuums mit Entsetzen erfüllt; so müssen wir bedenken, daß, wenn schon nicht das Individuum, also das Ich, den Tod überlebt, ihn doch alles das, was eigentlich sich gegen den Tod sträubt, wirklich nicht überlebt, nämlich der Wille. Das ganze Individuum sträubt sich nicht gegen den Tod: dem Intellekt ist er gleichgültig; denn dieser hat sein Dasein in der Vorstellung, d.h. in der objektiven Welt, den erkannten Dingen, mit deren Dasein seines zusammenfällt, und es ist ihm gleichgültig, als welches Individuum er erkennt. Der Wille allein, der Wille zum Leben, ist es der sich gegen den Tod sträubt; und dieser allein auch ist es der vom Tode nicht angetastet wird: das Leben bleibt ihm gewiß: denn es ist sein bloßes Abbild, seine Erscheinung.

Wenn wir das Leben bloß von der erkennenden Seite auffassen, den Menschen bloß als erkennendes Wesen betrachten, so ist durchaus nicht zu begreifen, daß der Tod ihn schreckt: denn empfunden kann er nicht werden, da wie Epikur... sagt, so lange wir sind, kein Tod da ist, und wann er da ist, wir nicht sind: das Versinken, Erlöschen des Bewußtseins geschieht in der Ohnmacht und täglich im Schlaf, beide Mal ohne Leiden: alles Übel aber, alles was zu fürchten ist, setzt Empfindung, Wahrnehmung voraus: ein Übel, das nicht erkannt wird, ist ein Widerspruch: ein solches aber ist das Nicht-sein: – das Nicht-sein-werden ist so wenig ein Übel als das Nicht-gewesen-sein: was nicht vermißt werden kann, ist verloren zu haben kein Übel: in der erkennenden Seite des Menschen ist also durchaus kein Grund zu finden für die Todesfurcht: wären wir bloß erkennende Wesen, so müßte das Ende unsers Daseins uns so gleichgültig sein, wie das Ende jeder fremden Sache. Nun besteht aber das Bewußtsein ganz im Erkennen und mit ihm das Ich, welches die Erkenntnis an den Willen gebunden [welches daher] ein bewußter, d.h. unmittelbar erkannter, Wille ist. Für das Bewußtsein ist also das gänzliche Aufhören kein Übel und daher wird es auch vom Bewußtsein, d.h. vom erkennenden Teil des Ich, nicht gefürchtet. Die *fuga mortis* entspringt allein aus dem Willen und diesem ist sie wesentlich, eben weil er Wille zum Leben ist und sein ganzes Wesen im Streben nach Dasein und Leben besteht, er aber rein an sich selbst erkenntnislos ist und sich allein erkennt in seiner individuellen Erscheinung, in der er einen Intellekt hervorgebracht hat durch seine Objektivation: sich bloß hier in der Erscheinung erkennend erscheint ihm sein Wesen und Sein auf diese Erscheinung beschränkt, und den Tod, der sie trifft, nimmt er für das Ende seines Seins: dagegen sträubt er sich mit aller Gewalt, eben weil sein ganzes Wesen nur Wille zum Leben ist. Allein wir wissen, daß er als Ding an sich und Kern alles Daseins außer der Zeit liegt, alles Dasein bloß seine Manifestation ist und daher ihn selbst kein Tod berührt. Also das in uns, was allein den Tod fürchten kann und ihn fürchtet, wird von ihm nicht getroffen: was aber von ihm getroffen und wirklich vernichtet wird, kennt keine Todesfurcht, denn es ist seinem Wesen nach gleichgültig gegen Sein und Nichtsein, und das ist die Erkenntnis, das Bewußtsein. Hiedurch löst sich der Widerspruch, daß die Philosophen stets mit treffenden Gründen bewiesen haben, der Tod sei kein Übel, indem sie das Leben von der erkennenden Seite auffaßten, und andrerseits die Todesfurcht in jedem Lebenden unauslöschlich bleibt. Ersteres hat am besten Epikuros geleistet, letzteres Rochefoucauld gezeigt. (271)

*

Betrachtet das Insekt vor euren Füßen, den Fisch sorglos im noch offenen Netz, den Frosch, dem seine Trägheit die Flucht verbietet, den Vogel, der den oben schwebenden Falken nicht gewahrt, die Schafe, die ein Tiger eben ins Auge faßt: mit wenig Vorsicht ausgerüstet gehn sie alle arglos unter Gefahren umher, die jeden Augenblick ihr Dasein bedrohen. Die Natur schickt sorglos ihre Kinder ohne Obhut tausend drohenden Zufällen entgegen, weil sie weiß, daß wenn sie fallen, sie in ihren Schoß zurückfallen, wo nichts verloren gehn kann, und daß daher ihr Fall nur ein Scherz ist.

Die gänzliche Sorglosigkeit der Natur ist die Erhaltung einer so unendlich künstlichen Maschine wie ein Tier ist, deutet sicher darauf hin, daß die Zerstörung einer solchen Erscheinung das darin sich manifestierende Wesen im mindesten nicht anficht. (272)

*

In jedem lebenden Wesen hat der Wille zum Leben einen Intellekt errungen, welcher das Licht ist, bei dem er seine Zwecke verfolgt. Dieser Intellekt allein wird durch den Tod vernichtet. Sollte der *horror mortis* am Ende bloß daher stammen, daß der Wille, der seiner eignen Unzerstörbarkeit sich bewußt sein muß, sich gegen die Trennung von diesem, nach dem Naturlauf und mittelst Zufällen, erlangten Intellekt sträubt? – (273)

*

Der Tod, subjektiv genommen, besteht eigentlich in dem Augenblick, wo das Bewußtsein schwindet, also wo die Tätigkeit des Gehirns stockt: die darauf folgende Verbreitung dieser Stockung auf alle übrigen

Systeme des Organismus ist eigentlich schon eine Begebenheit nach dem Tode und geht uns nichts mehr an. Der Tod betrifft also eigentlich das Bewußtsein: ist das Aufhören desselben. Was nun dieses Schwinden des Bewußtseins sei, kann Jeder schon einigermaßen aus dem Einschlafen beurteilen: aber noch besser kennt es, wer je eine Ohnmacht gehabt hat; weil da der Übergang nicht so allmählich ist und keine Träume das Wachen ersetzen, sondern eine tiefe Bewußtlosigkeit hart ans Bewußtsein grenzt. Es ist ein wahrer Spaß. Betreffend den gewaltsamen Tod; so werden selbst tiefe Wunden im ersten Augenblick gar nicht gefühlt: oft entdeckt man sie erst nach einer Weile. Sodann sagen alle, die im Wasser oder Kohlendampf oder durch Hängen das Bewußtsein verloren haben, aus, daß sie keine Pein gefühlt haben. Und nachdem das Bewußtsein auf diese Art ein Mal geendigt hat, warum sollte es wieder angefacht werden und ins Endlose fortbestehn? Sein Inhalt ist, dem größten Teil nach, und meistens durchweg, nichts als ein Strom elender, kleiner irdischer Gedanken. Laßt diese doch endlich beruhigt werden! – Den Willen hingegen ficht kein Tod an: er liegt, als Ding an sich, außer der Zeit. (274)

*

Die Schrecken des Todes beruhen zum Teil auf der falschen Vorstellung, daß jetzt das Ich verschwinde, aber die Welt bleibe. Die umgekehrte Vorstellung ist die wahre: die Welt verschwindet, aber der innerste Kern des Ich, in dessen Vorstellung sie existiert, bleibt: der Wille. Mit dem Gehirn geht der Intellekt und mit diesem seine bloße Vorstellung, die Welt unter. Daß in andern Gehirnen, nach wie vor, eine ähnliche Welt lebt und schwebt, tut nichts zur Sache. (275)

*

Die *Sichtbarkeit der Dinge*, diese allein unschuldige Seite der Welt, die reine Vorstellung, in welcher die gesonderten und mannigfaltigen Formen, in denen der Wille sich manifestiert, so deutlich und bedeutungsvoll dastehn, – dies alles ist so schön, daß es uns ans Dasein als an den Ort der Helle und Deutlichkeit fesseln muß: und wir schaudern vor dem Tode vielleicht hauptsächlich, weil er dasteht als die Finsternis, aus der wir einst hervorgetreten und in die wir nun zurücksollen. Aber ich glaube, daß wann der Tod unsre Augen schließt, wir in einem Licht stehn, von welchem unser Sonnenlicht nur der Schatten ist. (276)

*

Daß wir *den Tod* verabscheuen, muß, da die Natur nicht lügt und die Todesfurcht Stimme der Natur ist, doch wohl irgend einen Grund haben: es ist nicht Furcht vor dem Untergang unsers ganzen Wesens: dieses als Wille zum Leben fühlt sich unvergänglich; sondern Furcht vor dem Untergang unsrer Individualität, die, im Reiche des Zufalls, durch die Passion des Vaters und der Mutter entstanden, als bloße Differenz der Spezies, nur endlich sein kann: so gewiß ich keine Erinnerung eines Zustandes vor meiner Geburt habe, so gewiß werde ich keine nach dem Tode haben; mit der Individualität aber sehn wir das untergehn, was uns eigentümlich ist und uns von andern Wesen unterscheidet: unsre Fortdauer ohne die Individualität wird ununterscheidbar von der Fortdauer der übrigen Wesen, und wir scheinen uns zu versinken. Aber weil wir nicht begreifen, daß ein so unendlich kleiner Teil der Welt ich bin: [begreifen wir nicht, daß] ein grade so kleiner Teil meines eigentlichen Seins und Wesens diese meine persönliche Erscheinung ist. Das Wort Ich ist im Grunde das größte Aequivocum und bei diesem gegenwärtigen Problem die Quelle aller Täuschung. (277)

*

Wenn, was uns den Tod schrecklich macht, die Vorstellung des Nichtseins wäre; so müßten wir ebenso mit Schaudern an die Zeit, wo wir noch nicht waren, zurückdenken. Es ist unumstößlich gewiß, daß das Nichtsein nach dem Tode nicht verschieden von dem vor dem Leben, folglich auch nicht beklagenswerter sein kann. Es gibt keine natürlichere Frage als diese: eine Ewigkeit, d.h. eine unendliche Zeit ist vor meiner Geburt abgelaufen: was war ich alle jene Zeit hindurch? – Die eigentliche Antwort ist: Ich war eben immer Ich: nämlich Alle, die jene Zeit hindurch »Ich« sagten, die waren eben Ich. – Will man die Antwort aber nicht gelten lassen, sondern annehmen, ich wäre gar nicht gewesen, so kann ich mich über die unendliche Zeit nach meinem Tode, wo ich dann auch nicht sein werde, trösten mit der unendlichen Zeit, wo ich schon nicht war; da die Ewigkeit *a parte post,* ohne mich, so wenig schrecklich sein kann, als die Ewigkeit *a parte ante* ohne mich, da beide sich durch nichts unterscheiden, als durch die Dazwischenkunft eines ephemeren Lebenstraumes. Alle Beweise für die Fortdauer nach dem Tode lassen sich eben so gut *in partem ante* wenden und durch sie das Dagewesensein vor dem Leben demonstrieren, in dessen Annahme Hindu und Buddhaisten sehr konsequent sind. Die Idealität der Zeit allein löst alle diese Rätsel. Es ist aber überhaupt keine Vorstellung oder Gedanke, sondern der blinde Trieb, Wille zum Leben, der die Essenz unsers Wesens ist; was den *horror mortis* erzeugt. (278)

*

Der Wille, welcher unser Wesen an sich ist, ist einfacher Natur, er will bloß und erkennt nicht: das Subjekt des Erkennens hingegen ist der Einheitspunkt der Sensibilität, oder der Fokus, in welchen die Strahlen der Tätigkeit aller Teile des Gehirns zusammenlaufen, mit deren Aufhören es folglich verschwindet: denn es ist eine bloße Erscheinung und gehört zur Objektivation des Willens. Wenn es nun gleich in der Erscheinung des Willens begründet ist, so steht es ihm doch als Zuschauer gegenüber und erkennt ihn innerlich als ein von sich selbst Verschiedenes und

Fremdes, deshalb auch nur empirisch, in der Zeit, teilweise, an seinen Akten. Hieraus wird erklärlich, daß unser eigenes Wesen uns (d. h. unsrem Intellekt) ein Rätsel ist, und daß das Individuum sich als neu entstanden und vergänglich findet; obschon der ewige Wille sein Wesen ist. Und wie der Wille nicht erkennt, so ist *vice versa* das Subjekt des Erkennens einzig und allein erkennend, ohne irgend einen Willen; folglich kann es an nichts Anteil oder Interesse nehmen; ihm ist Sein und Nichtsein jedes Dings, ja sogar Seiner selbst, einerlei. Warum sollte dies anteilslose Wesen unsterblich sein? Es endet mit der zeitlichen Erscheinung des Willens, dem Individuo; – eben wie es mit ihm entstand, ein bloßer Fokus der konvergierenden Strahlen der Sensibilität.

Der Intellekt, mit seinem Fokus, dem erkennenden Ich, ist bloßes Phänomen; die anschauliche Welt ist sekundäres, von jenem abhängiges Phämonen. Die Endlichkeit beider beweist nichts gegen die Ewigkeit dessen, davon sie Phänomen sind. Der Intellekt ist Funktion des Nervensystems: aber der Leib mit samt dem Nervensystem ist Objektität des Willens, des alleinigen Dinges an sich. Daher beruht der Intellekt auf dem somatischen Leben, d. h. dem Organismus und dessen Funktionen: diese aber beruhen auf dem Willen. – Der organische Leib liegt also in gewissem Sinne als Mittelglied zwischen dem Willen und dem Intellekt. (279)

Religion

Keiner der religiös ist, gelangt zur Ph[ilosophie]; er braucht sie nicht. Keiner der wirklich philosophiert, ist religiös: er geht ohne Gängelband, gefährlich, aber frei. (280)

*

Das Wesen aller Religion überhaupt bringt es mit sich daß sie, wie Paulus I Corinth: 1 & 2 tut, die Vernunft und Wissenschaft verwerfe und verleugne: denn das, worauf sie als Religion geht und was sie verkündet, ist hoch über aller Vernunft: und weil sie sich dennoch der Begriffe dieser Vernunft bedient, mit grenzenloser Willkür, wie schon aus dem Mißbrauch, daß die Vernunft zu dem gebraucht wird, was außer ihren Grenzen liegt, von selbst folgt; so kann sie auch nie mit der Vernunft in Übereinstimmung und Frieden sein, sie hätte dennoch, insofern sie die Vernunft verwirft und sich ihrer überhebt, recht. Allein sie muß doch erst zeigen, warum sie die Vernunft verwerfe und verleugne und wie weit hierin zu gehn [sei]: d. h. sie muß die Vernunft kritisieren. Darauf läßt sie sich aber nicht ein, sondern sagt: das alles ist nichtig, gegen solche Nichtigkeit habe ich keine Verbindlichkeit und erkenne kein Muß an, sondern verleugne sie ohne Weiteres: und somit bringt sie ihre willkürlichen Sätze und Märchen vor, im Bewußtsein, daß es ein Surrogat der ewigen Wahrheit und im

Wahn, daß es diese selbst sei. Einem Religiosen aber, der so spräche, wäre mit großem Recht zu antworten: Essen, Trinken, Atemholen, Schlafen, verleugnest Du doch nicht, sondern lässest ihnen ihr Recht widerfahren, so sehr sie auch in der Welt der Nichtigkeit liegen: nichtiger als diese wird doch wohl die Vernunft nicht sein: warum willst du nicht auch dieser ihr Recht tun? warum ohne weiteres dich ihrer überheben? Doch wohl aus Bequemlichkeit und geistiger Genügsamkeit. – Und hier ist es, wo die Philosophie den Prozeß gegen die Religion in letzter Instanz gewinnt. (281)

*

Wenn wir annehmen, (was sich ziemlich gewiß ergibt, sobald man die Evangelien als in der Hauptsache ganz wahr ansieht), daß Jesus Christus ein Mensch gewesen sei ganz frei von allem Bösen und von allen sündigen Neigungen; so muß (da mit dem Leibe sündige Neigungen eigentlich notwendig gesetzt sind, ja der Leib nichts ist als die verkörperte, sichtbar gewordne sündige Neigung) – Jesu Leib allerdings nur ein Scheinleib genannt werden. Einen solchen von aller Sündigen Neigung ganz freien Menschen, einen solchen Träger eines Scheinleibs sich als von einer Jungfrau geboren zu denken, ist ein vortrefflicher Gedanke. Selbst physisch läßt sich davon eine, wiewohl entfernte, Möglichkeit aufzeigen. Gewisse Tiere nämlich (ich glaube einige Insekten) haben das Eigne, daß die Befruchtung der Mutter auch auf das

Junge und selbst auf dessen Junges nachwirkt, so daß dieses Eier legt, ohne selbst befruchtet zu sein. Daß dieses ein einziges Mal beim Menschen eingetreten sei, ist nicht so unwahrscheinlich zu denken, als daß es einen wirklich sündenfreien Menschen gegeben habe, und sobald wir letzteres annehmen, kann jenes, bei der, aller Vernunft unerreichbaren, Harmonie zwischen der Korporisation und dem intelligiblen Charakter jedes lebenden Wesens und der Erblichkeit vieler Neigungen und Charakterzüge, sehr wohl angenommen werden. (282)

*

Darin zeigen die Alten wieder den richtigen Sinn, den wir in ihren Kunstwerken bis auf das mindeste Gefäß herab bewundern, daß sie nie transzendent wurden, wie wir mit unserm ernstlich gemeinten Theismus und Seelenfortdauer. Sie blieben stets mythisch, d. h. redeten von der Erscheinung als von der Erscheinung, naiv und wahr. Ihre Theogonie ging, wie die Reihe der Ursachen *in indefinitum,* und nicht setzten sie mit hölzernem Ernst einen Allvater: fragte Einer mit Vorwitz immer weiter zurück, so wurde er mit einem Scherz abgefertigt, daß zuerst ein Ei gewesen sei, aus welchem der Eros hervorging: welchem Scherz eine, nur noch nicht *in abstracto* bewußte, Kritik der Vernunft zum Grunde liegt. Oder auch, statt einen Anfang in der Zeit setzen, personifizierten sie die Zeit selbst. (283)

*

Keine abgeschmacktere Person läßt sich erdenken als der stoische Weise. Dies darum, weil er nicht weiß, wohin mit seiner Weisheit, weil er durch dieselbe in einem völlig befriedigenden, glücklichen, nichts weiter wünschenden Zustand sein soll, was eben dem innersten Wesen der Menschheit widerspricht. Dagegen ist der Christliche Heiland eine vortreffliche Figur, voll poetischer Wahrheit und voll der höchsten Bedeutung: denn trotz aller Tugend und Vortrefflichkeit ist er im Zustand des größten Leidens. Das spricht gewaltsam das Leben und die Welt aus. (284)

*

Wer das Wesen der Welt erkannt hat, sieht im Tode das Leben, aber auch im Leben den Tod: beide sind nur verschiedene, aber unzertrennliche Seiten der Objektivierung des Willens.

Ein antiker Sarkophag, wie die 2, welche im Dresdner Antikensaal stehn, auf denen Bakchanalien dargestellt sind, tanzende und besonders wollüstige Gruppen, sogar ein Satyr, der eine Ziege befruchtet, und überhaupt Darstellung des gewaltigsten Lebensdranges der Zweck des Künstlers gewesen ist, – ein solcher Sarkophag und ein christlicher Sarg, schwarz zum Zeichen der Trauer und mit dem Kruzifix darauf, bilden einen höchst bedeutenden Gegensatz. Beide wollen über den Tod trösten, beide auf ganz entgegengesetzte Weise und beide haben Recht. Der Sarkophag weist vom Tode des Individuums auf das endlose unsterbliche Leben der Natur zurück, und in dieser Zurückweisung liegt die Andeutung, daß die ganze Natur die Erscheinung und auch die Erfüllung des Willens zum Leben ist: die Form dieser Erscheinung ist Zeit und Raum und, durch diese, Individuation, daher das Individuum enden muß, was aber den Willen zum Leben, von dessen Erscheinung das Individuum gleichsam nur ein einzelnes Exempel ist, so wenig kränken kann, als das Ganze der Natur gekränkt wird durch den Tod eines Individuums, da ihr (der Natur) immer noch die Species bleibt, auf deren Erhaltung sie allein mit Ernst dringt, dagegen stets bereit ist, das Individuum fallen zu lassen, das für sie keinen Wert hat, noch haben kann, da unendliche Zeit und unendlicher Raum, und unendliche Zahl von möglichen Individuen in jenen, ihr Reich sind. Die Natur spricht daher in ihrer auffallenden dringenden Sorge für die Species (durch die ungeheure Überzahl der Keime und die Macht des Geschlechtstriebs) bei gänzlicher Sorglosigkeit für die Individuen (welche auf tausendfache Weise durch die unbedeutendesten Zufälle dem Untergang ausgesetzt, ja schon wesentlich ihm bestimmt sind) die größte Weisheit aus, daß nämlich nur die Ideen eigentlich sind, nicht die einzelnen Dinge. – Und da nun der Mensch die Natur selbst ist und zwar im höchsten Grad ihres Bewußtseins, da ferner die Natur nur der Wille zum Leben ist mit samt seiner Erscheinung; so ziemt es dem Menschen, so lange er dieser Wille (oder Natur) ist, sich über seinen eignen und seiner Freunde Tod durch den Rückblick auf das unsterbliche Leben der Natur zu trösten, das ja er selbst ist, – der Wille zum Leben objektiviert. Darum sind jene Darstellungen des vollsten, drängendesten Lebens, auf Särgen höchst richtig und bedeutend, in derselben Art wie der Lingam. Jene Sarkophage sprechen aus: *»natura non contristatur.«*

Aber wie der Tod dem Leben wesentlich ist, so ist er doch die betrübende Seite des Lebens, das, worin sich am meisten die innere Nichtigkeit des Willens zum Leben ausspricht, die Identität von Leben und Leiden. So betrachtet, gibt es gegen den Tod nur einen Trost, diesen, daß, so wie die Erscheinung des Willens zum Leben enden muß, dieser Wille selbst frei enden kann: hat er selbst geendet, d. h. sich gewendet, so ist der Tod kein Leiden mehr, weil kein Wille zum Leben mehr da ist: diese Betrachtung ist die christliche Tendenz und wird durch das Kruzifix angedeutet: Jesus ist die Erscheinung des Willens zum Leben bei völliger Wendung und Aufhebung dieses Willens selbst: Gott in Menschengestalt, mit einem Scheinleib, den eine Jungfrau gebar. In diesem Sinn behält das Christentum gegen das Heidentum Recht, als die höhere Ansicht. Betrachtet man hingegen die christliche Lehre von der Fortdauer des Individuums und die Hinweisung auf diese bei den Totenfeiern, so ist das Heidentum, indem es statt dessen auf die unendliche Fortdauer der Natur hinweist, unschätzbar wahrer und weiser.

Beide entgegengesetzten Ansichten des Todes und Arten der Unsterblichkeit haben in Europa sich nur in 2 sehr voneinander entfernten Zeiten und Ländern aussprechen können. Die Indier aber vereinigten beide Ansichten, indem sie zugleich Befreiung vom Leben als das höchste Gut lehrten und den *Lingam* verehrten.

Wie aber das Heidentum auf die Identität jedes Menschen mit der ganzen Natur deutet, so deutet das Christentum auf die Identität eines Jeden mit Jesu, dem Erlöser. (285)

*

Daß das Altertum mit so viel Unschuld bekleidet vor uns steht, ist doch bloß, weil es das Christentum nicht kannte. (286)

*

Kirchen und Tempel in allen Ländern, aus allen Zeiten, in Pracht und Größe, zeugen vom metaphysischen Bedürfnis des Menschen. (287)

*

Mystik ist jede Anleitung zu einem Innewerden desjenigen, dazu weder die Anschauung noch der Begriff, also überhaupt nicht die deutliche Erkenntnis reicht. (Ich werde mystisch, wo ich das Ende aller Erkennbarkeit angebe und auf das Leben der Heiligen und die Christliche Malerei verweise; – am Ende des 4. Buchs [der »Welt als Wille und Vorstellung«].) (288)

*

A. Ein philosophischer Geist wird einsehn, daß Religion und Kirche dem Menschen notwendig sind, als die öffentliche Standarte des Rechts und der Tugend (wie Kant sie nennt), und daß sie den intellektuellen Bedürfnissen derselben, die keine Philosophie verlangen noch vertragen, angemessen sind, als ein Surrogat der Philosophie, zum praktischen Behuf. Er wird also insofern ein Freund der Religion sein, als er sich zur Menschheit gehörend betrachtet und mehr an das Ganze denkt als an sich: dagegen B wird bei ihm eine Privatfeindschaft gegen die Religion hervorgehn aus eben der Eigenschaft, die ihn zum philosophischen Geist macht, nämlich aus der Liebe zur Wahrheit als solcher, welche eben es war, die ihn das Ungenügende und Unwürdige eines positiven Autoritätsglaubens fühlen ließ und ihn trieb nach der reinen und echten Erkenntnis zu forschen. Intellektuell ist er Eins mit der Philosophie selbst, die wesentlich eine Feindin aller Religion ist, als welche den Thron usurpiert hat, der jener gehört und durch Trug ihn behauptet. Schon das Auftreten als offenbarte Wahrheit ist der Stempel des Betrugs und fordert den Denker zur Feindschaft auf. (289)

*

Weil die Philosophie teils schwer zu finden, teils selbst wenn gefunden, Wenigen zugänglich ist, indem sie sich an die Denkkraft und deren Überzeugung wendet; so haben derweilen, bis sie für die Menschen und diese für sie gereift sind, verschiedene Religionen ihre Stelle eingenommen: diese wenden sich 1° an das Bewußtsein, daß hinter dem Physischen doch ein Metaphysisches sein müßte, d. h. an die metaphysische Anlage des Menschen. 2° an Furcht und Hoffnung der stets in Not lebenden Sterblichen, wodurch das Metaphysische anthropomorphisiert wird und Theismus entsteht. 3° an das moralische Bewußtsein, welches hiedurch eine Bestätigung und ei[nen] Anhalt von Außen erhält, und deshalb ist Dies letzte die gute Seite aller Religionen: wenn sie übrigens notwendig *fraus* sind, so sind sie hierin *pia fraus.* Es kann nur eine wahre Philosophie geben, aber gar keine wahre Religion. Die Priester sind ein sonderbares Mittelding von Betrügern und Sittenlehrern. Ist die Menschheit zu dem Punkt der Reife gelangt, daß sie die wahre Philosophie einerseits hervorzubringen und andrerseits anzunehmen vermag, so stößt diese Philosophie die Religion vom Platze herab, den sie so lange *ad interim* eingenommen und dadurch der Philosophie offen gehalten hatte: die Religion hat dann ihren Beruf erfüllt und entläßt das mündig gewordene Geschlecht: ein solches Ende ist die Euthanasie der Religion. (290)

*

Die beiden ersten und wichtigsten, daher vorzüglich zu berücksichtigenden Religionen, weil sie nämlich die ältesten und auch die am weitesten verbreiteten sind, also in Zeit und Raum den Vorrang behaupten, sind offenbar die Buddhaistische und Veda-Lehre. (291)

*

Bei keiner Sache hat man so sehr Kern und Schale zu unterscheiden, wie beim Christentum. Eben weil ich den Kern liebe, zerbreche ich bisweilen die Schale. (293)

*

Der Humanismus trägt den Optimismus in sich und ist in sofern falsch, einseitig und oberflächlich. – Darum eben erhob sich vor 40 Jahren gegen seine Herrschaft in der deutschen Literatur, die auch in Goethe's und Schiller's Werken vorherrschte, – die sogenannte Romantik, indem sie auf den Geist des Christentums hinwies, als welches pessimistisch ist.

Heut zu Tage erhebt sich, aus demselben Grunde, gegen den Humanismus, dessen Einfluß am Ende Materialismus hervorzurufen droht, die orthodoxe und fromme Partei, hält die pessimistische Seite fest, macht daher Erbsünde und Welterlöser geltend: sie muß aber danach die ganze Christliche Mythologie in den Kauf nehmen und, als *sensu proprio* wahr, verfechten; – was heut zu Tage nicht gelingen kann. Sie sollte vielmehr wissen, daß die Erkenntnis der natürlichen Sündhaftigkeit und Verderbtheit des Menschengeschlechts, des Jammers der Welt, nebst der Hoffnung auf Erlösung aus derselben und Befreiung von Sünde und Tod, keineswegs dem Christentum eigentümlich und daher von seiner wunderlichen Mythologie unzertrennlich ist, sondern einen viel weitern Bereich hat, nämlich klarer und besser in den viel älteren und die Majorität des Menschengeschlechts leitenden Religionen Asiens, wo sie ganz andere Formen annimmt, vorhanden ist und lange da war, ehe der Nazarener kam. (294)

*

Die so intrikate, krause, ja, knollige Mythologie des Christentums, mit dem stellvertretenden Versöhnungs-Tode Christi, der Gnadenwahl, der Rechtfertigung durch den Glauben u. s. w., ist das Kind zweier sehr heterogener Eltern: sie ist nämlich entstanden aus dem Konflikt der gefühlten Wahrheit mit dem gegebenen Jüdischen Monotheismus, der ihr wesentlich entgegensteht.

Daher auch der Kontrast zwischen den moralischen Stellen im Neuen Testament, welche vortrefflich sind, allein nur etwan 10–15 Seiten desselben füllen, und allem Übrigen, welches aus einer unerhört barocken, allem Menschenverstande zum Trotz forcierten Metaphysik und nächstdem aus Wundermärchen besteht. (295)

Der Heilsweg

Unserm *moralischen Charakter* ist das Leiden so nötig als unserm Körper der Druck der Luft. Ohne diesen platzt der Leib auseinander: ohne Leiden versinkt unser Charakter in Wollüsten und Suchten aller Art. (296)

*

Der allein ist wahrhaft glücklich, der, *im Leben*, *nicht das Leben* will, d.h. nicht nach dessen Gütern strebt. Denn er macht sich die Last leicht. Man stelle sich eine Last vor, die auf Stützen lose ruht, und einen Menschen, der gebückt unter ihr steht. Hebt er sich und drängt ihr entgegen, so trägt er sie ganz: zieht er sich zurück von ihr, in sich zusammen, so trägt er nichts und ihm ist leicht. (297)

*

Um des *Frieden[s] Gottes* teilhaftig zu werden, (d.i. zum Hervortreten des *bessern Bewußtseins*) ist erfordert, daß der Mensch, dies hinfällige, endliche, nichtige Wesen, etwas ganz andres sei, gar nicht mehr Mensch, sondern als etwas ganz andres sich bewußt werde. Denn sofern als er lebt, sofern als er Mensch ist, ist er nicht bloß der *Sünde* und dem *Tode* anheimgefallen, sondern auch dem *Wahn*, und dieser *Wahn* ist so real als das Leben, als die Sinnenwelt selbst, ja er ist mit diesen Eines (die Maja der

Indier): auf ihn gründen sich alle unsre Wünsche und Suchten, die wieder nur der Ausdruck des Lebens sind, wie das Leben nur der Ausdruck des Wahns ist: sofern wir leben, leben wollen, Menschen sind, ist der Wahn Wahrheit, nur in Bezug auf das bessre Bewußtsein ist er Wahn. Soll Ruhe, Seligkeit, Friede gefunden werden, so muß der Wahn aufgegeben werden, und soll dieser, so muß das Leben aufgegeben werden. Das ist der schwere Schritt, die im Leben unauflösliche und nur durch Hülfe des Todes; – der an sich nicht den Wahn, sondern nur die Erscheinung desselben, den Leib auflöst, – aufzulösende Aufgabe: die Heiligung.

Das Übel, das wir in der Welt leiden (Entbehrung und Schmerz), gibt, so oft es auf uns eindringt, uns eine augenblickliche Erkenntnis von dem, was das Leben sei, (nämlich Sünde und Tod als Erscheinung des Wahns) es erschüttert den Wahn, leichter oder schwerer je nachdem wir tief darin befangen sind. In einem Schlaraffenland könnten darum auch nur Schlaraffen sein, d. h. wir blieben im Wahn befangen; er muß, soll er weichen, Erschütterung von Außen erhalten, Vorboten, Vorspiele des Todes, der die größte Erschütterung des Wahns ist, doch an sich ihn nicht löst: der Tod ist nicht die Heiligung, sondern gibt nur die Möglichkeit der Heiligung. Denn wie mit dem Leben unausbleiblich der Wahn gesetzt ist, so ist auch mit dem Wahn das Leben gesetzt. Und wer beharrt auf dem Lebenwollen, wird leben, wenn auch dieser Leib stirbt: denn sofern der Wahn ist, bleibt auch seine Erscheinung nicht aus. (298)

*

Wisse doch jeder dem, gleichviel wie und auf welche Art, nur aber ganz und gar, der Wille gebrochen wird, daß es zu seinem Besten ist: denn der Wille eben ist ja sein Unglück. (299)

*

Das was den Willen bricht ist immer das Leiden, welches eben die Erscheinung des Widerspruchs des Willens zum Leben mit sich selbst ist. Aber der Unterschied ist, ob das empfundene oder nur das gesehene Leiden es ist, was den Willen bricht oder wendet. Ist es [das] letztere, so tritt ein, was man Tugend und Heiligkeit nennt: der Anblick der zahllosen Leiden, begleitet vom Durchschauen des *principii individuationis* oder der Maja, bestimmt den Willen so, daß er zugleich jene Leiden zu mildern sucht und sich Freuden versagt, welches letztere immer Bedingung zu jenem ist, da selbst der reichste König nie allem Jammer abhelfen könnte, ohne sich selbst arm zu machen und selbst so nicht. Aber nicht nur als Mittel, sondern selbst unmittelbar will er sich Genüsse versagen, weil die Erkenntnis des Leidens der Welt, in deren sämtlichen Erscheinungen er sich selbst, seinen Willen erkennt[,] seinen Willen von ihr abwendet, und er weiß, daß jede Befriedigung des Willens diesen neu belebt und immer heftiger macht.

Wen aber der Anblick des Leidens nicht vom Willen zum Leben heilt, den erwartet das eigene, das empfundene Leiden, das um so heftiger ist, je heftiger der Wille. Im eignen Schmerz, dem geistigen und körperlichen, dringt sich gewaltsam die Erkenntnis des Widerstreits des Willens zum Leben mit sich selbst auf: dann werden aus leidenschaftlichen heftigen Menschen Resignierte, Büßende, Asketen, d. h. solche, die mit Überlegung und Vorsatz den Willen zum Leben ertöten wollen. Die Beispiele derart sind unzählig; Könige, Helden, Glücksritter wurden Einsiedler und Mönche. Benvenuto Cellini schildert sehr lebhaft die mit ihm vorgegangne Veränderung dieser Art, bei einer schweren Krankheit. Ja fast alle, die auf dem Schaffot sterben, geben Beispiele: fast immer ist bei diesen der Wille zum Leben vor seiner Erscheinung, dem Leibe, gestorben: daher der Tod des Leibes dann nichts Bitteres mehr hat, vielmehr erwünscht ist. Gretchen im Faust.

Doch geht aus dem Leiden die Wendung des Willens nie mit der Notwendigkeit der Wirkung aus der Ursach hervor; sondern bleibt frei. Bei jedem Leiden läßt sich ein ihm an Heftigkeit überlegener und daher unbezwungner Wille denken. Je heftiger der Wille, desto größer die Erscheinung seines Widerstreits mit sich, desto größer also das Leiden. Eine Welt welche die Erscheinung eines ungleich heftigern Willens zum Leben wäre, als die gegenwärtige, würde um eben so viel größere Leiden aufweisen: sie wäre also eine

Hölle. Allein wir haben nicht viel Anlaß, die Existenz einer solchen zu vermuten: da wir sehn, daß schon in dieser Welt teils das Gesehene, öfter das empfundene Leiden so oft hinreicht, den Willen zum Leben zu brechen. (300)

*

Der Schmerz entsteht nicht aus dem Nicht-haben; sondern aus dem Habenwollen und doch nicht haben: ersteres ist also *conditio sine qua non* zur Wirksamkeit des letzteren als Schmerz. Sich aus dieser Einsicht so viel wie möglich des Wollens entschlagen ist der Gipfel des Stoizismus, als Ethik der reinen Vernunft, oder ist die höchste Lebensklugkeit. Diese ist für die Erscheinung des Willens das Individuum, das, was für den Willen selbst, seine eigne Wendung, Verneinung ist. (301)

*

Das wahre Wesen des Menschen ist der Wille: die Vorstellung ist ein Sekundäres, Hinzugekommenes, gleichsam Äußeres: und doch findet der Mensch sein wahres Heil erst dann, wann der Wille aus dem Bewußtsein verschwunden und die Vorstellung allein übrig ist. Also das Wesentliche soll aufgehoben werden und die Erscheinung desselben (die Vorstellung), seine Zugabe bleiben. Dem ist viel nachzudenken. (302)

*

Die verborgene Macht, welche die Begebenheiten eines individuellen Lebens leitet, und welche das eigene Ich auf einem Standpunkt jenseits des Bewußtseins ist, hat es nicht auf unser zeitliches, sondern auf unser ewiges Heil abgesehn: da nun dieses im Abwenden des Willens vom Leben liegt, so ist dies das Ziel, zu welchem sie Jeden auf die ihm angemessene Weise allmählich leitet. Da nichts so sehr diesem Zweck entgegenarbeitet als Glück und Genuß; so sehn wir jedem Lebenslauf das Unglück und Leiden unausbleiblich eingewebt, doch einem mehr als dem andern, den allerhöchsten Grad davon nur wenigen, welche scheinen gleichsam mit Gewalt zur Abwendung vom Leben getrieben zu werden. (303)

*

Das Tierleben ist das Leben in der Gegenwart. Da nun eine Gegenwart als solche der andern völlig gleich gilt, und das Tier, als Wille zum Leben, der Gegenwart nicht verlustig werden kann, so verliert es durch den Tod gar nichts: denn seine Individualität ist so gering, daß sie mit dem Charakter der Gattung zusammenfällt. Von Erwartung des Todes und daraus entstehender Furcht ist es frei.

Das Menschenleben dagegen, oder das Vernunftleben, ist das Leben in der Zeit überhaupt, und allen dreien Teilen derselben: der Mensch übersieht die Zeit, daher kennt er den Tod und wird der Nichtigkeit des Lebens inne, hat zudem einen unwiederbringlichen Individualitätscharakter. Nur er folglich leert wirklich den Becher des Todes. Daher ist nur dies die Stufe, auf welcher der Wille sich wenden kann. (304)

*

Ein gewisser Grad von Stoizismus der dem Schicksal Trotz bietet, ist nicht selten, entspringt aber meistens aus Gefühllosigkeit: es fehlt ihnen an Kraft und Empfindung zu einem heftigen Seelenleiden. Dieser Stoizismus, sei er nun Werk der Vernunft oder der Unempfindlichkeit, mag zwar ein guter Panzer gegen die Leiden des Lebens sein, und dienen, die Gegenwart besser zu ertragen: allein dem wahren Heil ist er hinderlich: Denn er verhärtet das Herz. Denn wie soll das Herz durch Leiden gebessert werden, wenn es, von einer steinernen Rinde umgeben, sie nicht tief empfindet? und diese Art der Besserung, der Erlösung, der Wendung des Willens, ist doch wohl die häufigste: das was ich den δευτερος πλους genannt habe: Es ist der Weg der Sünder, wie wir alle sind. Der andre Weg, durch bloße Erkenntnis, ist der der Heiligen, und die seltenste Ausnahme.
Dieser Weg ist die schmale Straße der Auserwählten und ohne den anderen wäre für die Meisten kein Heil abzusehn. Wir sträuben uns gegen diesen 2ten Weg aus allen Kräften: unser Ziel ist ein erträgliches Schlaraffenleben die Spanne Zeit hindurch, welches, auch im günstigsten Fall, doch höchst mittelmäßig ausfallen kann: das ist uns unendlich lieber als das ewige Heil. Aber die geheime Macht, deren Wurzel in unserm nie erkannten Innern liegt, und die das Schicksal des Ein-

zelnen lenkt, sorgt besser für uns, indem sie Dornen über Dornen auf unserm Pfade wachsen läßt und das heilsame Leiden, das Panakeion unsers Jammers, uns überall entgegen bringt, wohin wir uns auch wegwenden. Daher ist das Leben im Ganzen und im Einzelnen ein Trauerspiel: der Held leidet bis er, geläutert und verklärt, seinen Willen von der Welt abwendet.

Die einzige dem Menschen zu allen Zeiten wahrhaft angemeßne Stimmung ist die, deren Grundbaß lautet: *me pesa de haber nacido.* Nur durch sie wird er stets im Einklang mit der Umgebung und dem Schicksal sein: sie ist das Gegenteil des Stoischen *sapiens beatus.* (305)

*

In meinem 17ten Jahre[,] ohne alle gelehrte Schulbildung, wurde ich vom Jammer des Lebens so ergriffen, wie Buddha in seiner Jugend, als er Krankheit, Alter, Schmerz und Tod erblickte. Die Wahrheit, welche laut und deutlich aus der Welt sprach, überwand bald die auch mir eingeprägten Jüdischen Dogmen, und mein Resultat war, daß diese Welt kein Werk eines allgütigen Wesens sein könnte, wohl aber das eines Teufels, der Geschöpfe ins Dasein gerufen, um am Anblick ihrer Qual sich zu weiden: darauf deuteten die Data, und der Glaube, daß es so sei, gewann die Oberhand. – Allerdings spricht aus dem menschlichen Dasein die Bestimmung des Leidens: es ist tief ins Leiden eingesenkt, entgeht ihm nicht, sein Fortgang und Ausgang ist durchweg tragisch: eine gewisse Absichtlichkeit hierin ist nicht zu verkennen. Nun ist ja aber das Leiden der δευτερος πλους, das Surrogat der Tugend und Heiligkeit; durch selbiges geläutert gelangen wir zuletzt zur Verneinung des Willens zum Leben, zur Rückkehr vom Irrweg, zur Erlösung: daher eben hat jene geheime Macht, die unser Schicksal leitet, im Volksglauben mythisch als Vorsehung personifiziert, es allerdings darauf abgesehn, uns Leiden auf Leiden zu bereiten, weshalb meinem ganz einseitigen, aber so weit er sah, richtigen Blick in der Jugend, die Welt sich als das Werk eines Teufels darstellte. An sich aber ist diese geheime Macht und Allmacht unser eigener Wille, auf einem Standpunkt, der nicht ins Bewußtsein fällt: wie ich ausführlich auseinandergesetzt habe: und das Leiden ist allerdings zunächst Zweck des Lebens, gleich als ob es das Werk eines Teufels wäre, dieser Zweck aber ist nicht der letzte, er ist selbst Mittel, ist Gnadenmittel, ist also solches von uns selbst, wie gesagt, angeordnet zu unserm wahren und letzten Besten. (306)

Meine Philosophie

Unter meinen Händen und vielmehr in meinem Geiste erwächst ein Werk, eine Philosophie, die Ethik und Metaphysik in Einem sein soll, da man sie bisher trennte so fälschlich als den Menschen in Seele und Körper. Das Werk wächst, konkresziert allmählich und langsam wie das Kind im Mutterleibe: ich weiß nicht, was zuerst und was zuletzt entstanden ist, wie beim Kind im Mutterleibe:[1] ich der [ich] hier sitze und den meine Freunde kennen, begreife das Entstehn des Werks nicht, wie die Mutter nicht das des Kindes in ihrem Leibe begreift. Ich seh' es an und spreche wie die Mutter »ich bin mit Frucht gesegnet.«[2] Zufall, Beherrscher dieser Sinnenwelt! laß

1 Ich werde ein Glied, ein Gefäß, einen Teil nach dem andern gewahr d. h. ich schreibe auf, unbekümmert wie es zum Ganzen passen wird: denn ich weiß, es ist alles aus einem Grund entsprungen. So entsteht ein organisches Ganzes und nur ein solches kann leben. Die da meinen, man dürfe nur irgendwo einen Faden anzetteln und dann weiter dran knüpfen, eins nach dem andern, in hübsch ordentlicher Reihe, und als höchste Vollendung aus einem magern Faden durch Winden und Weben ein[en] Strumpf wirken – wie Fichte, (das Gleichnis gehört Jakobi), – die irren.

2 mein Geist nimmt Nahrung aus der Welt durch Verstand und Sinne, diese Nahrung gibt dem Werk einen Leib, doch weiß ich nicht wie, noch warum bei mir und nicht bei andern die dieselbe Nahrung haben.

mich leben und Ruhe haben noch wenige Jahre! denn ich liebe mein Werk wie die Mutter ihr Kind: wann es reif und geboren sein wird; dann übe dein Recht an mir und nimm Zinse des Aufschubs. – Gehe ich aber früher unter in dieser eisernen Zeit, o so mögen diese unreifen Anfänge, diese meine Studien, der Welt gegeben werden, wie sie sind und als was sie sind: dereinst erscheint vielleicht ein verwandter Geist der die Glieder zusammenzusetzen versteht und die Antike restauriert. (307)

*

Meine Philosophie wird nie im Mindesten das Gebiet der Erfahrung, d. h. des Wahrnehmbaren, im ganzen Umfang des Begriffs, überschreiten. Denn sie wird, wie jede Kunst, bloß die Welt wiederholen. (308)

*

Meine ganze Ph[ilosophie] läßt sich zusammenfassen in dem einen Ausdruck: die Welt ist die Selbsterkenntnis des Willens. (309)

*

Meine Philosophie unterscheidet sich von allen andern dadurch, daß der Zusammenhang ihrer Teile kein architektonischer ist, in welchem ein Teil immer den andern trägt, nicht aber dieser auch jenen, und der Grundstein alle; – sondern ein organischer, wo das Ganze jeden Teil erhält und notwendig macht und umgekehrt auch jeder Teil das Ganze und alle andern: daher kann kein wesentlicher Anfangspunkt ihrer Betrachtung sein, sondern nur ein willkürlicher. (310)

*

Zuletzt, nach aller Philosophie, könnte man vielleicht noch fragen: woher nun aber endlich dieser Wille, der frei ist sich zu bejahen, wovon die Erscheinung solche Welt, oder sich zu verneinen, wovon wir die Erscheinung nicht kennen; woher zuletzt dies ganze Wesen? Hierauf wäre schon geantwortet dadurch, daß der Satz vom Grunde, auf dem alles Woher beruht, nur auf die bloße Erscheinung Anwendung findet, nicht darüber hinaus. – Aber auch überdies ist folgendes die Antwort: Davon ist nicht bloß für uns keine Erkenntnis möglich, sondern überhaupt nie und nirgends eine. Das ist nicht relative, sondern absolut unerforschlich. Es weiß es nicht nur Niemand, sondern es kann an sich nie gewußt werden.

Denn die Erkennbarkeit überhaupt, mit ihrer stets notwendigen Form von Subjekt und Objekt, gehört bloß der Erscheinung an, dem Äußerlichen, nicht dem Innerlichen, dem Wesen an sich der Dinge.

Wo Erkenntnis und folglich Vorstellung ist, da ist auch nur Erscheinung, da sind wir schon auf dem Gebiete der Erscheinung, ja, haben es mit einem Gehirnphänomen zu tun. Was die Welt als Welt sei, haben wir erkannt: sie ist Erscheinung, und wir kennen unmittelbar aus uns selbst das darin erscheinende innre Wesen und haben diesem Schlüssel gemäß den ganzen Zusammenhang der gesamten Erscheinungen erkannt und dem entsprechend befunden. Aber verlassen wir die Welt, um nach Gründen für dieselbe zu fragen; so haben wir auch den ganzen Boden verlassen, auf dem allein nicht nur Verknüpfung nach Grund und Folge, sondern Erkenntnis überhaupt möglich ist; den Boden der Vorstellung. Das Wesen an sich, jenseits der Welt, und folglich jenseits des Willens, steht keinem Forschen offen; weil die Erkenntnis überhaupt selbst nur Phänomen ist, daher nur in der Welt ist, wie die Welt nur in der Erkenntnis: das innere Wesen der Welt ist kein Erkennendes.

Hieraus ist auch einzusehn, daß es auf eine Frage wie etwa folgende: »was wäre ich, wenn ich nicht der Wille zum Leben wäre«, nimmermehr eine Antwort geben kann. Meine Philosophie ist sehr weit davon entfernt, Alles erklären zu wollen: vielmehr bleibt sie bei dem Tatsächlichen des Wesens der Welt stehn und geht nicht darüber hinaus; sondern begnügt sich, es nachzuweisen in seinem inneren Zusammenhang mit sich selbst. Sie läßt deshalb noch ein Heer von Fragen übrig, nämlich woher dies tatsächlich Nachgewiesene so und nicht anders ist u. s. w. Aber für die Antworten welche dergleichen Fragen heischten, hat unser Denken gar keine Formen: (es sind die *thoughts beyond the reaches of our souls (Hamlet I, 4))* und wollen wir es mit denen, die wir haben, versuchen, so geraten wir in ein endloses Labyrinth und werden *bewilder[e]d*: denn die Verhältnisse, die wir dann zu denken versuchen, sind transzendente Verhältnisse. (311)

*

Zwischen Kant und Sokrates ist eine erstaunliche Ähnlichkeit. Beide verwerfen allen Dogmatismus: beide gestehn eine völlige Unwissenheit in Sachen der theoretischen Philosophie ein und setzen ihr Eigentümliches in das deutliche Bewußtsein dieser Unwissenheit. Beide behaupten, daß dagegen das Praktische, das, was der Mensch zu tun und zu lassen habe, völlig gewiß sei, und zwar durch sich selbst, ohne fernere theoretische Begründung. Beide hatten das Schicksal, daß ihre nächsten Nachfolger und deklarierten Schüler dennoch eben in diesem Fundament von ihnen abweichen und die theoretische Philosophie bearbeitend völlig dogmatische Systeme aufstellten. Daß ferner diese Systeme höchst verschieden ausfielen, aber alle darin übereinstimmten, daß sie von der Lehre des Sokrates oder des Kant ausgegangen zu sein behaupteten.

Was mich betrifft, sofern ich Kantianer bin; so sagte Kant, daß über die Erfahrung und ihre Möglichkeit hinaus wir nichts wissen können: ich gebe es zu, behaupte jedoch, daß die Erfahrung selbst, in ihrer Gesamtheit, als ein Gegebenes genommen, einer Auslegung fähig sei und habe diese gegeben. Ich habe nicht auf Etwas jenseits aller Erfahrung geschlossen, sondern bloß das in der Erfahrung Gegebene genutzt, daher sage ich auch, daß die

Philosophie Erfahrungswissenschaft sei, aber die allgemeinste, indem sie nicht aus einzelnen Erfahrungen schöpft, sondern aus dem Ganzen der Erfahrung. (312)

*

Das wäre mein höchster Ruhm, wenn man einst von mir sagte, daß ich das Rätsel gelöst, welches Kant aufgegeben hatte. (313)

*

Es ist ein gewaltiger Vorzug einer Philosophie, wenn ihre Wahrheiten alle unabhängig voneinander gefunden sind, dennoch aber übereinstimmen und einander erläutern. So ist sie reich und hat breite Wurzeln auf dem Boden der anschaulichen Welt, aus dem alle Nahrung abstrakter Wahrheiten quillt. Wenn hingegen die Wahrheiten einer Philosophie eine aus der andern und zuletzt aus einem ersten Satze abgeleitet sind, so muß sie arm sein und mager, da aus einem Satz nur so viel gefolgert werden kann, als er eigentlich schon enthält. Zudem hängt dann ihre gesamte Lehre an der Wahrheit eines Satzes und wäre gefährdet durch *einen* Fehler. (314)

*

Die Konsequenz fast aller philosophischen Systeme, so weit sie geht, enspringt daraus, daß Satz aus Satz abgeleitet ist. Dadurch ist aber das System seiner Substanz nach schon in den obersten Sätzen enthalten und das Ganze, als daraus abgeleitet, wird schwerlich anders als arm, leer und langweilig ausfallen

können, weil es doch nur wiederholt, was die obern Sätze zusammengenommen schon sagen. Z. B. Chr. Wolf. – Spinoza strebte besonders nach dieser Konsequenz.
Die bei mir zu findende strenge Konsequenz ist meistenteils keine solche, auf solchem logischen Wege errungene, sondern entsteht aus der bloßen Übereinstimmung aller Sätze, die daraus entspringt, daß sie alle aus der selben Grundanschauung, aus der anschaulichen Auffassung des selben Objekts von verschiedenen Seiten, nämlich der Welt und des Bewußtseins, in dem sie vorkommt, entstanden sind. Ich konnte über die Zusammenstimmung aller dieser Sätze deshalb außer Sorgen sein, selbst dann, wenn sie mir, wie bisweilen geschah, anfangs unvereinbar schienen. Die Übereinstimmung fand sich später ganz von selbst ein, als die Sätze kompletter wurden, denn sie ist die Übereinstimmung der Realität mit sich selbst, die keinem Dinge fehlen kann; wie bisweilen, wann man ein Gebäude zum ersten Mal und nur von der einen Seite sieht, man den Zusammenhang seiner Teile noch nicht versteht; jedoch gewiß ist, daß er nicht fehlt und sich zeigen wird, sobald man herumgekommen. Auch ist diese Zusammenstimmung, weil sie eine ursprüngliche ist, vollkommen sicher: denn sie steht unter beständiger Kontrolle der Erfahrung. Jene abgeleitete aber, die der Syllogismus hineinbringt, könnte leicht einmal falsch befunden werden, wo irgend ein Glied der Kette feh-

lerhaft beschaffen oder unecht ist. Meine Philosophie hat einen breiten Boden, auf welchem Alles unmittelbar ruht: die andern gleichen hochaufgeführten Türmen: bricht eine Stütze, stürzt er ein. (315)

*

Meine Philosophie unterscheidet sich von der Mystik dadurch, daß diese von Innen anhebt und ich von Außen: ich meine dies: Der Mystiker geht aus von seiner innern individuellen Erfahrung, in welcher er sich erkennt als das Zentrum der Welt und das ewige alleinige Wesen. Allein mitteilbar ist hievon nichts, als eben Behauptungen, die man auf sein Wort glauben soll: Überzeugen kann er nicht: Ich dagegen gehe aus von der bloßen Erscheinung, die Allen gemeinsam ist, die Reflexion, über welche sich also vollkommen mitteilen läßt: und da nur von solchen Erfahrungen die Rede ist, die allen gemein sind, so ist Überzeugung möglich. – Allein dagegen nimmt meine Philosophie grade auf ihrem höchsten Gipfel einen negativen Charakter an: sie spricht nur von dem, was verneint, aufgegeben werden soll: was dafür aber gewonnen und ergriffen wird, muß sie als ein Nichts bezeichnen und als Trost hinzufügen daß es nur ein relatives Nichts sei, kein absolutes: während der Mystiker hier eben ganz positiv verfährt. Daher ist die Mystik eine vortreffliche Ergänzung meiner Philosophie: und wer mich gelesen hat, wird sehr wohl tun, das Mystische im Upanischad, sodann die *torrens* der *Guion*, und endlich die Mystik der Sufis zu lesen. Denn sie alle geben das Positive, da wo ich als Philosoph nur Negatives geben konnte. (316)

*

Man hat geklagt, daß meine Philosophie traurig und trostlos wäre: aber nichts ist so trostlos wie die Lehre, daß Himmel und Erde und konsekutiv der Mensch aus Nichts geschaffen seien, denn da folgt wie Nacht auf Tag, daß er zu Nichts wird, wann er vor unsern Augen stirbt! Vielmehr ist der Anfang und Grund alles Tröstlichen die Lehre, daß der Mensch nicht aus Nichts geworden ist. (317)

*

Daß ich auf die völlige Neuheit meiner Lehre stolz bin, ist nur, weil ich von ihrer Wahrheit die festeste Überzeugung habe. (318)

*

Alle Philosophen machen die Erkenntnis zum *Grundwesen* und lassen, mehr oder minder ausdrücklich, den *Willen* aus der *Erkenntnis* entspringen, als ihr Resultat, ihr Korollarium. Dies ist das größte ὕστερον πρότερον, das zu begehn möglich. Man wird einst mein Verdienst erkennen, ihm von Grund aus entgegengearbeitet zu haben.
Ich habe daher eine Veränderung am *Fundament* der Philosophie vorgenommen, indem ich den Willen *als von der Erkenntnis unabhängig* und *als das Erste*, das wahrhaft metaphysische Ding an sich setze, sodann als das 2te den Leib als die bloße Sicht-

barkeit des Willens, und die Erkenntnis, erst als das 3te, sofern sie eine Funktion des tierischen Leibes ist: wiewohl der Leib als Sichtbarkeit, als Objekt, nur für die Erkenntnis da ist, also durch sie bedingt, Leib und Erkenntnis sich also gegenseitig bedingen, jedoch in sehr verschiedener Art: Dies ist eine so entschiedene und fundamentale Umwälzung der Philosophie, daß sie notwendig eine Hauptperiode bezeichnen muß. Zu allen alten und neuen idealistischen und materialistischen Systemen ist der Wille eines der letzten Ergebnisse: zuallererst bei mir, und in der Wahrheit, ist er das Erste, das *ens primarium realissimum*. Deshalb bin ich so ausführlich in den Argumenten dafür. (319)

*

Was hauptsächlich meiner Philosophie den Eingang versperrt hat, ist[,] daß ich verschmäht habe, von jenem Schiboleth Gebrauch zu machen, welches seine Bedeutung längst verloren hat, aber als ein Tribut an die Landesreligion von jeder Philosophie erlegt werden muß, die kathederfähig sein will. (320)

*

Meine Lehre erklärt das Dasein der Welt, welche man für ein Werk Gottes hielt, aus der Allmacht des Willens. Nun kommt die Erfahrung mit dem animalischen Magnetismus und was sich daran knüpft, und zeigt, daß die Magischen Wirkungen, welche man für ein Werk des Teufels hielt, vom festen Willen vollbracht werden. Letzteres ergibt sich empirisch und wird dienen, ersteres weniger paradox, ja begreiflich zu machen. Nämlich so: vermag des Menschen Wille, was man für ein Werk des Teufels hielt; so kann er auch wohl vermögen, was man für Werk eines Gottes hielt. *Sic res accendunt lumina rebus.* Im Mittelalter und bis zum Anfang des 18ten Jahrhunderts hielt man den Glauben an Gott für unzertrennlich von dem an den Teufel: und wer an letzteren nicht glaubte, wurde schon deshalb Atheist genannt: wir sehn, daß das so absurd nicht war. (321)

*

Wie man in der Physik Jahrtausende hindurch das Wasser unbedenklich für einfach und folglich für ein Ur-Element hielt; so hat man noch länger, in der Metaphysik, das Ich unbedenklich für einfach und folglich für unzerstörbar gehalten. Ich aber habe gezeigt, daß es aus 2 sehr heterogenen Bestandteilen zusammengesetzt ist, dem Willen, der metaphysisch und Ding an sich ist, und dem erkennenden Subjekt, welches physisch ist und zur bloßen Erscheinung gehört. (322)

*

Die Prosa der Sache ist diese. Die Philosophie-Professoren haben zu meiner Philosophie geschwiegen und sie *comme non avenue* angesehn: nicht, weil sie sie für unbedeutend hielten: so dumm sind sie auch nicht und für so dumm werden sie auch nicht gelten wollen: nicht, weil sie sie für falsch hielten: da hätten sie die *gloria* haben können, und hätten sie nicht verschmäht, sie zu widerlegen: – sondern weil sie deutlich sahen, daß eine solche Philosophie den dermaligen Zwecken der Regierungen, denen die Universitäten gehören, zuwiderlief. Sie fragten also nicht nach der Wahrheit, sondern nach den Regierungsinteressen; ließen das offenbar Prägnante und Wichtige als unbedeutend liegen und schrieben Hunderte von Büchern über das Schlechte, Geschminkte und wirklich Unbedeutende. Dadurch wurden sie zu Verrätern an der Wahrheit, indem sie das Interesse dieser ihrem eigenen nachsetzten: als solche verklage ich sie jetzt vor der öffentlichen Meinung (in meiner Schrift über den Willen in der Natur) als Pseudophilosophen, woraus folgt, daß die Philosophie nicht auf den Universitäten zu suchen ist: sie ist von diesen, mit samt dem Streben nach Wahrheit, vertrieben durch jenen Verrat.

Meine Lehre ward von den Universitäten verstoßen: aber das Palladium ist mit mir ausgewandert: die Wahrheit und das echte Streben steht auf meiner Seite. Folglich fällt jetzt die Strafe auf die Universitäten: sie haben sich von der Wahrheit losgesagt, um ihren Absichten zu frönen: – [jetzt] sagt sich die Philosophie von ihnen los: sie verlieren den Kredit, den sie verwirkt haben. Das ist die Αδραστεια.

Dieselbe Niederträchtigkeit, welche den Hegelschen Unsinn, dem die Regierung günstig war, weltberühmt machte, ist es, die mein Werk aller Notiz entzogen hat.
Aber diese Prosa eignete sich nicht ganz für den Vortrag: ich habe ihr also, um dem Publiko die Sache zu insinuieren, eine satirisch-poetische Einkleidung gegeben, bei meinem letzten Versuch, meine eiserne Maske abzureißen. (323)

*

Nach meiner Philosophie, deren großer Vorzug die völlige Immanenz (im Gegensatz der Transzendenz) und die gänzliche Abwesenheit alles Mythischen, aller Hypostasen und aller historischen Auffassung der Welt ist; – nach meiner Philosophie ist sie die Erscheinung der Bejahung des Willens zum Leben, die ihren Gegensatz an der Verneinung desselben hat, deren Eintritt die Welt aufhebt.
Nach dieser ganzen Betrachtung sollte man es als einen der wenigen ausgemachten Sätze der Metaphysik, welche als Leitsterne oder Leuchttürme ihr zur Orientierung dienen, aufstellen, daß die Welt nicht als ein schlechthin notwendiges Wesen angesehn werden darf: wodurch der eigentliche Pantheismus beseitigt wäre. (324)

*

Ohne Zweifel schließen die Meisten auf die Wertlosigkeit meiner Philosophie aus der geringen Beachtung, die sie gefunden. Aber sie könnte nicht verfehlt haben, bei ihrem Erscheinen das größte Aufsehn zu erregen und dann eines stets zunehmenden Beifalls sich zu erfreuen, wenn es Leute gäbe, welche die Wahrheit suchten: allein Die, welche sich heut zu Tage mit der Philosophie beschäftigen, suchen nichts anderes, als die Professuren derselben: zu diesen aber wäre meine Philosophie ein falscher Weg, da sie keineswegs es darauf abgesehn hat, eine Stütze des lieben Christentums zu sein, vielmehr diese Rücksicht, als etwas ihren Zwecken Fremdes, ganz unbeachtet läßt. Ach, wie steht sie in diesem Punkt zurück, gegen die Hegelei, welche deklariert, mit dem Christentum geradezu identisch und bloß ein etwas anders zugerichtetes Christentum zu sein! und mir vorkommt, wie der Kandidat in »Der gerade Weg ist der beste«, welcher deklariert, die Witwe des verstorbenen Pfarrers unbesehns und auf der Stelle heiraten zu wollen. –

Gebt doch den armen Jungen ein Stück Brot, daß sie nicht die Philosophie mit ihren Tagelöhnerbemühungen beschmutzen! Geht es doch her, als lebten wir im ersten und nicht im letzten Jahrhundert des Christentums. Aber ihr Kathederhelden, ihr Philosophen des flüchtigen Tags und der betörten Menge, übergeht ihr mich nur mit Stillschweigen! Die Nachwelt wird mich nicht mit Stillschweigen übergehn. Wenn euere niedrigen Verabredungen ausgestorben und euer heuchlerischer Wechselgesang verstummt sein wird; – dann wird ein ganz anderer Maßstab des

Bedeutenden und Unbedeutenden angelegt werden. (325)

*

Die Philosophieprofessoren haben es mit mir gemacht wie Ludwig der 14te mit seinem Zwillingsbruder, dem der *die eiserne Maske* aufsetzte und ihn in die Bastille sperrte. (326)

*

Die Menschheit hat von mir etwas gelernt, was sie nie vergessen wird, und ich habe den Schleier der Wahrheit weiter gelüftet, als irgend ein Sterblicher vor mir. – Aber den will ich sehn, der sich rühmen kann, eine elendere Zeitgenossenschaft gehabt zu haben, als ich? – (327)

*

Ich bin der *Kaspar Hauser* der *Philosophieprofessoren*: sie haben mich von Luft und Licht abgesperrt; – damit meine angeborenen Ansprüche nicht zu Geltung kämen. (328)

*

Meine Philosophie ist, innerhalb der Schranken der menschlichen Erkenntnis überhaupt, die wirkliche Lösung des Rätsels der Welt. In diesem Sinne kann sie eine *Offenbarung* heißen. Inspiriert ist solche vom Geiste der *Wahrheit*: sogar sind im vierten Buche einige Paragraphen, die man als vom *heiligen* Geiste eingegeben ansehn könnte. (329)

*

Zu den Religionen verhält meine Philosophie sich wie eine gerade Linie zu mehreren, neben ihr laufenden Kurven: denn sie spricht *sensu proprio* aus und erreicht mithin geradezu, was jene nur unter Verhüllungen zeigen und auf Umwegen erreichen; – und zwar das Christentum auf sehr weiten und gar wunderlich gewundenen. (330)

*

Die Materialisten unserer Zeit pochen gewaltig darauf, daß keine Kraft ohne Stoff, d. h. ohne geformte Materie, von selbst vorkomme; aus meiner Philosophie folgt aber dieses notwendig daraus, daß der Stoff die bloße Erscheinung der Kraft ist. Diese ist an sich Wille: in der Erscheinung, die in unserm Gehirn Statt hat, stellt sie sich dar als Materie, mit bestimmter Beschaffenheit, d. h. als Stoff. Ohne solche Beschaffenheit kann sie empirisch nicht vorkommen[1], sondern wird bloß gedacht, indem sie sodann die nach Außen projizierte Verstandesform der Kausalität selbst ist, daher macht Kausalität, Wirksamkeit überhaupt, das Wesen der Materie *in abstracto* aus. Weil also diese bloße Materie ohne Form kein Gegenstand der Erfahrung ist, kann eben-

1 Schon nach *Kant* ist die Materie bloß die Erscheinung zweier Kräfte: der Expansions- und Attraktionskraft: also liefert alle Erscheinung, die Erfahrung, bloß Kräfte, und ist mithin Kraft und Stoff gar nicht zweierlei: An sich ist jede Kraft Wille.

falls kein Stoff ohne Kraft vorkommen: denn dieser wäre eben die Materie *in abstracto*. (331)

*

Buddha, Eckhard und ich lehren im Wesentlichen das Selbe, Eckhard in den Fesseln seiner christlichen Mythologie. Im Buddhaismus liegen die selben Gedanken, unverkümmert durch solche Mythologie, daher einfach und klar, soweit eine Religion klar sein kann. Bei mir ist die volle Klarheit. (332)

*

Lebensabriß

22. Febr. 1788 Geburt in Danzig (Vater: Heinrich Floris Sch., Mutter: Johanna Sch., geb. Trosiener)

1793 Übersiedlung der Familie nach Hamburg (wegen Annexion Danzigs durch Preußen)

1797 Aufenthalt in Le Havre (bis 1799)

1797 Geburt der Schwester Adele

1803–1804 Reise: Holland, England, Frankreich, Schweiz, Österreich, Preußen (*Reisetagebuch*)

1805–1807 Kaufmannslehre in Hamburg

1805 Tod des Vaters

1806 Auflösung des väterlichen Geschäfts; Übersiedlung der Mutter und der Schwester nach Weimar; literarischer Zirkel der Mutter (Goethe, Wieland, Z. Werner)

1807 Abbruch der Kaufmannslehre

1807–1809 Besuch des Gymnasiums in Gotha, dann in Weimar

1809–1811 Universität Göttingen (zuerst Medizin, dann Philosophie) (G. E. Schulze als philosophischer Lehrer)

1811–1813 Universität Berlin (Fichte, Schleiermacher)

1813 Promotion (in absentia) Jena (Dissertation: *Über die vierfache Wurzel des Satzes vom zureichenden Grunde*, 2. Aufl. 1847)

1814 endgültiges Zerwürfnis mit der Mutter
1814–1818 Dresden (Niederschrift von *Die Welt als Wille und Vorstellung*)
seit 1815 Briefwechsel mit Goethe
1816 *Über das Sehn und die Farben* (2. Aufl. 1854)
Dez. 1818 (mit Datum von 1819) *Die Welt als Wille und Vorstellung:* das Hauptwerk
1818–1819 erste Italienreise
1819 Bewerbung um Habilitation in Berlin
1820 Probevorlesung in Berlin (Hegel-Begegnung); Sommersemester: Vorlesung *Über die gesamte Philosophie* (einzige von Sch. gehaltene Vorlesung) (Ankündigung bis WS 1831/32)
1822–1823 Zweite Italienreise
1823 Kuraufenthalt in Bad Gastein
1824 Besuch in Dresden
1825–1831 Berlin (Privatdozent; Arbeit an Ergänzungen zum Hauptwerk)
ca. 1828 Beginn der Arbeit an der Gracian-Übersetzung (erste Fassung): »Handorakel der Weltklugheit«
1830 *Theoria colorum physiologica*
1831 Abreise aus Berlin wegen der Cholera und Aufenthalt in Frankfurt; seit 1833 ständiger Wohnsitz in Frankfurt
1833 zeitweise in Mannheim
1836 *Über den Willen in der Natur* (2. Aufl. 1854)
1838 Tod der Johanna Schopenhauer
1840 *Die beiden Grundprobleme der Ethik*

1844 2. Aufl. des Hauptwerkes
1849 Tod Adele Schopenhauers
1851 *Parerga und Paralipomena* (enthält u. a. »Über die Universitätsphilosophie«; »Aphorismen zur Lebensweisheit«
1859 3. Aufl. des Hauptwerkes
21. Sept. 1860 Tod Arthur Schopenhauers in Frankfurt

Nachwort

Die hier ausgewählten Texte stammen sämtlich aus Schopenhauers handschriftlichem Nachlaß. Arthur Hübscher hat das gesamte Material in sechs voluminösen Bänden 1966–1975 in chronologischer Anordnung textkritisch ediert. Die ersten Aufzeichnungen sind 1804, die letzten kurz vor Schopenhauers Tod entstanden. Besondere Wichtigkeit kommt den Texten aus den Jahren 1812–1818 zu: in diesen Jahren entfaltet sich umwegereich das Denken, das sich abschließend in Schopenhauers Hauptwerk *Die Welt als Wille und Vorstellung* artikuliert. Der Leser dieser frühen Aufzeichnungen (in den beiden ersten Bänden der Nachlaßausgabe) kann das Werden des originalen Schopenhauerschen Gedankens mitverfolgen; insbesondere wird ihm die etwa 1814 eintretende Zäsur ins Auge fallen. Zu dieser Zeit beginnt Schopenhauer mit der direkten Ausarbeitung der Themen und Thesen, die den philosophischen Gehalt des Hauptwerkes ausmachen. Um den inneren Werdegang von Schopenhauers Denken sichtbar zu machen, wurden in unsere Anthologie auch Texte aus der Epoche aufgenommen, in der Schopenhauer zwar noch nicht zu seiner Fundamentalerkenntnis (vom Willen als Wesen der Welt) gekommen ist, gleichwohl aber schon ganz in Richtung auf diese Erkenntnis denkt.

Nach Erscheinen seines Hauptwerkes im Dezember

1818 (mit Jahreszahl 1819) setzte Schopenhauer seine Aufzeichnungen fort. Er trug sie in »Manuskriptbüchern« ein, denen er jeweils eigene Namen gab (u. a. »Reisebuch«, »Foliant«, »Quartant«, »Adversaria«). Wie die frühen Manuskriptbogen, so bildeten auch die Manuskriptbücher die Materialquellen für die Komposition der Druckschriften. Manche Texte hat Schopenhauer unverändert in seine Werke übernommen, andere wurden umgeformt, viele blieben unberücksichtigt und wurden zu einem Teil erst durch Hübschers Edition erstmals bekannt. Zu Recht verweist Arthur Hübscher auf den Wert gerade dieser nicht in die Werke eingegangenen Aufzeichnungen.
Die gedruckten Werke Schopenhauers dürfen jedoch nicht als Kompilationen vorher schon fertiger Textstücke angesehen werden. Zum einen nämlich enthalten die Druckschriften Passagen, die im unmittelbaren Prozeß der Werkkomposition verfaßt wurden, zum anderen – und dies ist noch wichtiger – gibt es eine durch Schopenhauers Systemkonzeption festgelegte Anordnung der Themen. Es ist nach dieser Konzeption – anders als im Falle der beliebigen Kompilierbarkeit von Texten – nicht gleichgültig, womit die Werke, voran das alle anderen Werke thematisch und methodisch bedingende Hauptwerk, beginnen und womit sie enden. Eine Darstellung der Schopenhauerschen Philosophie, auch wenn sie wie der zweite Band der zweiten Auflage der *Welt als Wille und Vorstellung* nur Ergänzungen zum System

bringt, hat sich an die Einteilung zu halten, die sich nach Schopenhauers ausdrücklicher Konzeption aus dem selbsteigenen Gang der philosophischen Reflexion ergibt. So weist Schopenhauer in der Vorrede zur 2. Auflage des Hauptwerkes indirekt auf die Unveränderbarkeit der 1818 vorgenommenen Stoffgliederung und der Einteilung des Materials in vier Abteilungen hin. Entscheidend ist vor allem der Anfang der Darstellung der Schopenhauerschen Philosophie: die Sache selbst verlangt, mit dem Gedanken zu beginnen, daß die Welt »meine Vorstellung« ist.

Es mag angesichts dieser von Schopenhauer selbst ausdrücklich reflektierten festen Ordnung der Gedankenfolge verwundern, daß Schopenhauer von der Beliebigkeit des Zuganges zu seiner Philosophie spricht: seine Philosophie gleiche der hunderttorigen Stadt Theben – allerorts könne man in sie eintreten und stehe doch jederzeit in ihrer Mitte.

Unsere Textauswahl läßt erkennen, warum Schopenhauers Denken (trotz der Festgelegtheit ihres systematischen Ganges) in der Tat die Möglichkeit bietet, von vielen Stellen aus in sie hineinzukommen. Die ausgewählten Texte haben, wie fast alle Aufzeichnungen des handschriftlichen Nachlasses, *aphoristische* Form. Wir haben relativ begrenzte, formal weitgehend in sich abgeschlossene Texte vor uns, brillant formuliert und in sich ruhend, aber doch auch zugleich offen auf andere Texte hin. Das formale Abgeschlossensein der Texte einerseits und ihre gedankliche Offenheit andererseits machen das Spezifische der Schopenhauerschen Aphoristik aus. Sie vereint die kleine Form mit dem weiten Gedanken, schließt diesen in sich ein wie in einer Nuß und gibt ihn jederzeit zu neuer Gestaltung frei.

Schopenhauer hat Hinweise auf den Ursprung solch aphoristischer philosophischer Rede gegeben: aphoristisch läßt sich sein Denken deswegen darstellen, weil es einen einzigen Gedanken an der Fülle der Phänomene bewähren will. Dieser einzige Gedanke lautet: »Die Welt ist die Selbsterkenntnis des Willens.« Seine eigene Philosophie versteht Schopenhauer als Bewährungsfeld dieses Gedankens. Das besagt: Je nach gegebenen Phänomenen läßt sich der Hauptgedanke in einer bestimmten Gestalt darstellen – so entstehen die in sich abgeschlossenen und doch auf andere verweisenden aphoristischen Gebilde. Sie widerstreben, weil sie den einen Gedanken je modifizieren und umkreisen, keineswegs der Forderung nach einem Denken in strengem Zusammenhang. Auch der Aphoristiker denkt streng, wenn auch in anderer Weise als der von Schopenhauer ausführlich gekennzeichnete philosophische Gegentypus: der Denker des kettenartigen Arguments, der Deduktivist, als der ihm vor allem Spinoza erscheinen mußte. Wer wie Schopenhauer davon ausgeht, daß sein Denken eine einzige ursprüngliche Einsicht in vielfältiger Weise expliziert, stößt notgedrungen auf die aphoristische Form. In ihr kommt literarisch ein »organisches«

Philosophieren zum Ausdruck: *ein* Gedanke ist das Ganze; die Teile dieses Ganzen, die wiederum Gedanken sind, stellen jeweils nur die Abwandlung des qualitativ selbigen Ganzen dar.

*

Unsere Textauswahl befolgt die von Schopenhauer philosophisch begründete Anordnung der Themen, in denen sich der eine Gedanke facetten- und perspektivenreich manifestiert. Zu beginnen ist mit der »Welt als Vorstellung«. Wir schicken diesem ersten Hauptabschnitt als Prolog eine Anzahl von Texten voraus, die einiges Licht auf das Eigentümliche von Schopenhauers *Philosophie*begriff werfen. Philosophie, wie Schopenhauer sie versteht, richtet sich ausdrücklich gegen alle Versuche, über die gegebene Welt spekulierend hinauszugehen, und wenn sie von dieser Welt redet, redet sie in abstracto von ihr. Philosophie sagt *begrifflich*, was diese uns gegebene Welt ist. Nur in dieser Hinsicht unterscheidet Philosophie sich von anderen Weisen der Weltzuwendung, wie etwa der Kunst, die auf *anschauliche* Art uns eröffnet, was die Welt ist.

Die weiteren Texte folgen, ohne daß dies ausdrücklich hätte angezeigt werden müssen, in lockerem Verbande der Vierereinteilung des Hauptwerks.

1) Die *erste Gedankengruppe*, beginnend mit »Die Welt ist meine Vorstellung«, erläutert, in welcher Weise der Mensch sich erkennend zur Welt verhält: er schaut die Dinge an; auf dieses Anschauen (das auch

den Tieren eignet) gründet sich das begriffliche Denken (das die Tiere nicht kennen). Kraft der Begriffe ist der Mensch fähig, besonnen zu handeln; er hat Sprache und Wissenschaft durch sie. Wir befinden uns mit den Texten dieser ersten Gruppe auf dem Felde der intellektuellen Existenz. Zu ihr gehört die intellektuelle Polemik. Wo immer Wissenschaft getrieben wird, bildet sich eine besondere Lebensart aus – das Gelehrtendasein mit seinem Ambiente: den Büchern und der Bücherweisheit. Schopenhauer, selber enorm belesen und wissenschaftlich beschlagen, deckt unbarmherzig (und manches Mal auch sicher ungerecht übertreibend) die Schwachstellen der »Gelehrtenrepublik« auf. Befeuert wird seine Polemik durch die bittere Erfahrung, in jener Republik über Jahrzehnte »ignoriert« und »sekretiert« worden zu sein: als 1818 sein Buch erschienen war, hoffte der 30jährige Autor auf baldige und breite Resonanz; sie blieb spärlich. Der Verleger mußte nach einem Vierteljahrhundert den Großteil der Auflage einstampfen. Schopenhauer verzieh es seiner Epoche nie, daß sie ihn fast bis ins letzte Lebensjahrzehnt auf den verdienten Ruhm warten ließ. Die Invektiven gegen die »Deutschen«, vornehmlich gegen die Philosophieprofessoren unter ihnen, haben keine politische Bedeutung: sie rechnen mit dem Tort ab, den ihm die Zeitgenossen antaten; den Staat, dem sie angehören, berührt die Kritik nicht.

Doch sollte man nicht nur den dominierend-persönlichen Ton dieser polemischen Hinwendung zum intelektuellen Status der Epoche hören. Die sachliche Berechtigung der Schopenhauerschen Gelehrtenkritik ist offenbar: mit dem eigenen Kopf, nicht mit dem Geschriebenen anderer soll der Mensch denken; er soll insbesondere nicht sagen, was gern gehört wird, er soll sagen, was ist.

2) Die *Texte der zweiten Gruppe*, beginnend mit »Weltwesen: der Wille zum Leben«, führen zur metaphysischen Seite der Schopenhauerschen Philosophie, zu ihrer Mitte: Das Wesen der Welt zeigt sich, ausgehend vom menschlichen Leib, als Trieb, Drang, »Wille«. Die griechisch-christliche Tradition verfehlt mit ihrer Aussage, das Wesen des Menschen und der Welt im ganzen sei »Geist«, die Frage nach dem Was der Dinge. Nichts falscher als Hegels These, das Weltwesen sei intellektuales Selbstbewußtsein! Dieses ist vielmehr erkenntnislos, und wenn es mit Erkenntnis auftritt, so handelt es sich um ein Akzidenz, das es sich als Instrument zur optimalen Erreichung seines Strebens beigibt. Erkenntnis ist sekundär, Wollen primär. Wie Wollen sich allüberall und allmächtig äußert, zeigt die Natur in ihren mannigfaltigen Gestalten. Natur ist nichts anderes als der Gestalt gewordene, an sich selbst aber gestalt- und qualitätslose Wille. Zu den Gestalten, in denen der Wille erscheint, gehört auch der Mensch, die vornehmste aller Willensgestalten, weil in ihm das Weltwesen zu begrifflichem Bewußtsein kommt. Schon die Anschauung

des Tieres ist ein Spiegel, in welchem der Wille sich erkennt, der Begriff davon ist eine noch höhere Potenz. Die Welt erweist sich als »Selbsterkenntnis des Willens«.

Wie konkret Schopenhauer das universale Walten des Willens in der gegebenen Welt faßt, exemplifizieren die Texte zu »Magie«. Er hat diesem Phänomen in den *Parerga und Paralipomena* eine eigene Abhandlung gewidmet; ihn beschäftigte intensiv der Somnambulismus; Justinus Kerner, der schwäbische Dichter und naturphilosophisch engagierte Arzt mit seinem Interesse für die »Nachtseite der Natur«, findet Schopenhauers Aufmerksamkeit. Wie alle »normalen« Naturerscheinungen, so lassen sich nach Schopenhauer auch die abnormen Verhaltensweisen, die man früher mit einer Geisterwelt in Verbindung brachte, aus dem *Willen* erklären.

Schopenhauer kommt bei seinem Bemühen, die Natur durchgängig im Sinne seiner Willensmetaphysik zu deuten, die schon in der Göttinger Studienzeit vorhandene lebhafte Anteilnahme an der zeitgenössischen Naturwissenschaft zugute. Sein Leben lang hat er Fachliteratur zu den verschiedensten Naturwissenschaften studiert, vor allem zu Anatomie und Physiologie. Wie gründlich und wie extensiv er diese Studien betrieb, zeigen seine philosophischen Werke, insbesondere die Schrift *Über den Willen in der Natur* aus dem Jahre 1836.

3) Der Wille versklavt das Erkennen: das ist ein von

Schopenhauer ständig beklagtes Unheil, das immer über die Tiere, fast immer über den Menschen verhängt ist. Doch eben nur »fast«. Es gibt die Möglichkeit, der Herrschaft des Willens zu entkommen. Sie ist zwiefach: zum einen kann sich der Mensch auf kurze Zeit, zum anderen auf Dauer dieser Herrschaft entziehen. Ersteres geschieht in der ästhetischen Kontemplation, letzteres in der Askese.

Die *dritte Textgruppe* mit den Rubriken »Idee – Genie – Kunst«, »Geschichte«, »Musik« zeigt den Weg der Befreiung von der Willensherrschaft, der sich der Gunst des Augenblicks verdankt. In der reinen Betrachtung der Objekte löst sich das erkennende Subjekt von der Einzelnheit der Objekte und vergißt darin seine eigene Einzelnheit. Es wird zum reinen Subjekt des Erkennens, das Objekt tritt ihm in seinem wahren Wesen – als »Idee« – gegenüber. Menschen, die in exzellenter Weise solcher »Kontemplation« fähig sind, heißen »Genies«. Aus ihrer schöpferischen Aktivität geht die Kunst hervor: die kontemplativ erfaßten Ideen werden im gegebenen Stoff »wiederholt«. Anders als die *Geschichte*, die dem Gang individueller Handlungen nachgeht und sich nie von der Betrachtung des Zeitlich-Individuellen löst, macht die Kunst die ewigen Formen der Dinge sichtbar, die der geniale Intellekt schaut. Je nach Art des Stoffs ergeben sich verschiedene Kunstarten – Poesie und bildende Kunst mit ihren diversen Gattungsmodifikationen.

Schopenhauers Kunstphilosophie schöpft aus dem Reichtum persönlicher Anschauung. Schon früh beginnt er mit der Lektüre großer Autoren; er ist zeitlebens ein passionierter Leser, allerdings höchst anspruchsvoll. Seine Autoren sind die antiken Klassiker, Dante, Cervantes, Shakespeare, Goethe, Lord Byron, Schiller, Rousseau und Voltaire; er kennt die unmittelbar zeitgenössische Literatur – die »Romantik«: Wackenroder, Tieck, Zacharias Werner; mit ihm wie mit Goethe hatte er persönlichen Kontakt, ein anderer Großer, Jean Paul, war einer der wenigen, die sofort bei der Lektüre der *Welt als Wille und Vorstellung* das philosophische Genie Schopenhauers erkannten.

Nicht weniger vertraut war Schopenhauer mit maßgeblichen Werken der bildenden Kunst. Sohn aus reichem Hause, war es ihm schon im Alter von 15/16 Jahren auf einer zweijährigen Europareise vergönnt, Gemälde, Skulpturen und Bauwerke von Rang zu sehen. In öffentlichen und privaten Sammlungen wird er, wie aus dem »Reisetagebuch« von 1803/1804 hervorgeht, mit Rembrandt, Tenier, de Hoop, Correggio, Carracci, Leonardo bekannt; in Dresden erweitert sich seine Kunstperspektive ebenso wie auf seiner Italienreise von 1818/1819.

Innerhalb des Kunstreichs nimmt die *Musik* bei Schopenhauer eine Sonderstellung ein. Sie wiederholt nicht, wie die bildende Kunst und die Poesie, die Ideen im Stoff, sie bildet vielmehr den Willen direkt ab. Am besten gelang für Schopenhauer dieses Abbilden in der Musik Rossinis. Komponisten, die Schopenhauer beeindruckten, waren ferner Haydn, Mozart, Beethoven. Den jungen Richard Wagner, der ihm Text und Partitur seines »Rings« schickte, hielt er für einen begabten Dichter, doch für einen nur mittelmäßigen Musiker.

4) Die letzte größere Textgruppe entspricht thematisch dem Inhalt des 4. Buches der *Welt als Wille und Vorstellung*. Sie präsentiert zunächst Aphorismen zu »Ethik – Recht – Gesellschaft« und kündigt hiermit den »ernstesten« Teil von Schopenhauers Weltbetrachtung an: die Betrachtung der menschlichen Handlungen, in deren Verlängerung die wichtigste, das 4. Buch beschließende Thematik (»Der Heilsweg«) zur Sprache kommt.

Menschliches Handeln ist, wie Schopenhauer im Gefolge der großen abendländischen Moralisten (Rousseau ausgenommen) lehrt, von Haus aus egoistisch motiviert und zumeist aggressiv gegen die anderen Menschen gerichtet. Als Fleisch gewordener Wille zum Leben will der Mensch nur sich selbst. Es geht ihm, ob bewußt oder nicht, um die eigene Erhaltung, und sei es um den Preis der Vernichtung anderer. Der erste Schritt zur Eindämmung der Aggressivität ist Frucht vernünftiger Überlegung (nicht moralischer Entschließung): um sich voreinander zu schützen, schaffen die Menschen eine nach Recht und Gesetz verfaßte Gesellschaft, den Staat. Seine Aufgabe besteht einzig und allein darin, Unrechtleiden zu verhindern. Der Staat kann demgegenüber das Moralisch-Gute nicht befördern; er ist eine Zwangsanstalt, die die aggressiv-egoistischen Individuen davon abhält, daß ein Mensch vom anderen Unrecht erleidet. Zur Moralisierung kann und soll der Staat nichts tun.

Sittliches Handeln ist Sache der einzelnen Person. Ihr ist jeweils ein unveränderlicher Charakter eigen; durch ihn erhalten die Handlungen ihre moralische Qualität. Da der Charakter im vorhinein festliegt und jeweils nur durch Motive aktiviert wird, ist es sinnlos, von einer Willensfreiheit im Sinne einer Handlungsfreiheit zu reden. *Erziehung,* die moralischen Belang hätte, müßte auf Änderung des Charakters hinauslaufen. Das jedoch ist völlig ausgeschlossen. Wenn Erziehung überhaupt eine Aufgabe hat, so ist sie eine intellektuelle: sie richtet sich an die Vernunft. Der Charakter als solcher bleibt von ihr unberührt. Zum Vorschein kommt er erst allmählich – im Laufe eines Menschenlebens offenbart er sich in den Taten. Stufen *guten Handelns* sind die freiwillige (nicht die durch Zwangsmittel des Rechts herbeigeführte) Gerechtigkeit, die Menschenliebe und – höchste Stufe sittlich-sozialen Verhaltens – das Mitleid.

Das Mitleid führt den Menschen an die Grenze der Willensbejahung. Wer mitleidig handelt, sieht vom eigenen Willen schon gänzlich ab und schränkt darin die generell herrschende Bejahung des Willens merklich ein. Deren krasseste Erscheinungsform ist die Sexualität. Alle Geschlechtsliebe geht auf Erhaltung des Willens zum Leben. Schopenhauer interpretiert auch die zartesten Formen der Erotik aus dem Drang des Willens, kraft zweier Individuen sich in einem dritten zu reproduzieren. Nur scheinbar meinen sich im Liebesverhältnis die beiden Personen, in Wahrheit ist in ihrem Verhältnis alles auf die Erzeugung eines neuen Individuums angelegt.

Wie raffiniert der Wille es anstellt, um sein Ziel, die Erhaltung seiner selbst, zu erreichen, beweist die Täuschung, der die Menschen hinsichtlich des Lustgewinns durch Sexualität verfallen. Die Befriedigung, die sie zu finden meinen, ist Schein. Weder dieser Trieb noch irgendein anderer bringt Erfüllung. Die Hoffnung auf sie ist gleichwohl schwer zu erschüttern. So existiert der Mensch (meist ohne es zu merken) in der Spannung zwischen Triebverlangen und Triebbefriedigung, auf endgültige Erfüllung hoffend und sie in der Befriedigung nie erreichend. Das bringt in sein Daseinsbewußtsein einen penetrant negativen Zug. Das Leiden tritt neben die Lust, es erweist sich als dessen Kehrseite, und ist einmal kein Leiden und keine Lust, so kommt die Leere des Lebens auf: die Langeweile, die zu neuer Lustsuche und damit zu neuem Leiden treibt. Die seltenen Augenblicke der Erfüllung, die die selbstvergessene Gegenwartsexistenz – vor allem im Kunstgenuß – bringt, zeigen zwar die Möglichkeit einer Leidensüberwindung an, da aber Leidensüberwindung auch zugleich Lustverzicht ist, fällt der Mensch aus der erfüllten Gegenwart schnell in die Abfolge von Lust und Schmerz zurück.

Die Trostlosigkeit der menschlichen Existenz ist für Schopenhauer Teil des allgegenwärtigen kreatürlichen Leidens. Wo immer der Wille zur Erkenntnis kommt, herrscht der Schmerz, und wenn Schopenhauers Blick auf den Weltlauf fällt, so kann er in ihm nichts sehen als eine Dantesche Hölle. Ein Schmerzensmeer kolossalen Ausmaßes tut sich vor ihm auf, und unbegreiflich ist es dem offenen Auges in die Welt Hineinblickenden, wie jemand diese Welt als die beste aller möglichen feiern kann. Es zu tun, ist bitterer Hohn, metaphysischer Zynismus, zu dem Schopenhauers Philosophie das entschiedene Nein sein will.

Wie Schopenhauer selbst berichtet, ging ihm bereits in jungen Jahren die Höllenhaftigkeit der Welt auf, und nur ihr teuflischer Ursprung war ihm vorstellbar: wie könnte ein allgütiges Wesen solches Unglück verantworten? Tief berührte den 16jährigen das schauerliche Los der Galeerensklaven im Hafen von Toulon: »... läßt sich eine schrecklichere Empfindung denken wie die eines solchen Unglücklichen, während er an die Bank in der finsteren Galeere geschmiedet wird, von der ihn nichts wie der Tod mehr trennen kann!« (Reisetagebücher aus den Jahren 1803–1804, ed. Charlotte von Gwinner. Leipzig 1923, S. 155).

Wie mit einem Dasein fertig werden, in welchem solches Leiden möglich und wirklich ist?
Schopenhauer ist weit davon entfernt, die Leidensexistenz zum Argument für den Nachweis totaler Sinnlosigkeit der Welt zu machen. Sinnlos ist freilich die Welt der Individualität: ihr Gesetz ist das von Entstehen und Vergehen; herrscht die Individualität, so ist das Unzerstörbare im Menschen verdeckt, und konsequent ist es dann, das Dasein für sinnlos zu erklären. Das Unzerstörbare kommt erst in den Blick, wenn die Täuschung vergangen ist, der Mensch sei als individuelles Wesen unsterblich. Seine Unzerstörbarkeit beginnt jenseits der Individualität.
Der wahre Kern der Religionen, die im Verlauf der Menschheitsgeschichte aufgetreten sind, ist die Idee der nicht-individuellen Unsterblichkeit. Zumeist jedoch verbirgt sich diese Idee unter der durch die Anhänglichkeit ans individuelle Leben geschaffenen Illusion, es gebe ein persönliches Überdauern der Vergänglichkeit der Dinge. Schopenhauers Sympathie zum Buddhismus rührt nicht zuletzt von dessen Ablehnung einer individuellen Unsterblichkeit her. Daß der Buddhismus keinen Gottesbegriff hat, hängt nach Schopenhauer mit der Unsterblichkeitslehre zusammen. Unter Gott kann Schopenhauer nur ein persönliches, individuelles Wesen denken. Alles Individuelle jedoch ist der Zeit und dem Raum unterworfen. Ein ewiges, raumentrücktes, vergängnisfreies individuelles Wesen ist ein Widerspruch in sich.

Schopenhauer ist Atheist, aber ein tief religiöser: der Glaube an die Unzerstörbarkeit unseres Ansichseins macht den Kern des religiösen Bewußtseins aus. Besteht das Unzerstörbare im Menschen in dem, was durch die Individualität nicht berührt wird, so kann der Weg zur Erlösung vom Leiden nur über die Aufhebung der Individualität gehen. In ihr aber manifestiert sich nichts anderes als der Wille zum Leben unter den Formen des Satzes vom Grund. Seligkeit kann der Mensch erlangen, wenn er das Wollen aufgibt. Wie es möglich ist, daß Menschen zur Verneinung des Wollens, d. h. zum Nichtmehrwollen kommen, bleibt ein Geheimnis. Offenbare Tatsache ist jedoch, *daß* schon *in* diesem Leben in manchen Individuen das Wollen aufhören kann. Das Leben der indischen und christlichen Büßer beweist Schopenhauer, daß innerhalb der weltlichen Existenz die Verneinung des Willens möglich und wirklich geworden ist; der Weg zu diesem Seligkeitszustand führt über das Erkennen. Im Hauptwerk heißt es: »Die Natur führt eben den Willen zum Lichte, weil er nur am Lichte seine Erlösung finden kann.« (§ 69)

*

Den Abschluß unseres Versuchs, anhand von Aphorismen aus dem handschriftlichen Nachlaß in Schopenhauers Gedankenwelt einzuführen, bildet eine Textgruppe, in der es um Schopenhauers Selbstinterpretation als Schöpfer einer neuen Philosophie geht. Der Akzent dieser Selbstinterpretation liegt auf dem

Bewußtsein, das »Rätsel der Welt« ein für allemal gelöst zu haben. Schopenhauer weiß sich in erhabener Gesellschaft. Der in die Wüste der Gottheit hinabblickende Meister Eckhart und der Nirwana-versunkene Buddha werden als Vorläufer erkannt. Wenn Schopenhauer mit verblüffender Direktheit seiner eigenen Philosophie die letzte Klarheit zuschreibt, so rührt diese Selbstgewißheit aus dem Wissen um die Verläßlichkeit eines Denkens, das nicht an abstrakten Begriffen, sondern an den Dingen sich orientiert: »Meine Philosophie redet nie von Wolkenkuckucksheim, sondern von *dieser Welt,* d. h. sie ist *immanent,* nicht transzendent. Sie liest die vorliegende Welt ab, wie eine Hieroglyphentafel (deren Schlüssel ich gefunden habe, im Willen) und zeigt ihren Zusammenhang durchweg. Sie lehrt, was die Erscheinung sei, und was das Ding an sich ... Was nun Das, was wir allein als Wille zum Leben und Kern dieser Erscheinung kennen, *außerdem* sein möge, wenn es nämlich Dieses nicht mehr, oder noch nicht ist, – ist ein transzendentes Problem.« (Brief vom 21. 8. 1852 an Julius Frauenstädt) R. M.

STELLENNACHWEISE

Alle Texte entstammen dem folgenden Werk: Arthur Schopenhauer: *Der Handschriftliche Nachlaß in fünf Bänden*. Vollständige Ausgabe in sechs Teilbänden. Herausgegeben von Arthur Hübscher. Frankfurt am Main: Verlag Waldemar Kramer 1966–1975 (Unveränderter Nachdruck München: Deutscher Taschenbuch Verlag 1985)

Band 1: Frühe Manuskripte (1804–1818)
Band 2: Kritische Auseinandersetzungen (1809–1818)
Band 3: Berliner Manuskripte (1818–1830)
Band 4,I: Die Manuskriptbücher der Jahre 1830–1852
Band 4,II: Letzte Manuskripte/Gracians Handorakel
Band 5: Randschriften zu Büchern

Motto: Bd. 1,126
1: 92
2: 210
3: 462
4: 480
5: 482
6: Bd. 3,81 f.
7: 82
8: 82
9: 146
10: 151
11: 158
12: 184
13: 193
14: 207
15: 220
16: 529 f.
17: 585
18: 601
19: 638 f.
20: Bd. 4,I,40
21: 97
22: 98
23: 111
24: 118
25: 128 f.
26: 133
27: 233 f.
28: 246
29: 247
30: 248 f.
31: 255 f.
32: Bd. 4,II,25
33: 27
34: Bd. 1,403
35: 458
36: Bd. 3,149
37: 183 f.
38: 575
39: Bd. 4,I,15
40: 31 f.
41: Bd. 3,94
42: 120
43: 148
44: 205
45: 554
46: 567
47: 601
48: Bd. 1,90
49: Bd. 3,15
50: 31 f.

156: 146
157: 157
158: 249
159: 265
160: Bd. 4,II,21
161: Bd. 1,90
162: Bd. 3,77f.
163: 141
164: 192
165: 288f.
166: Bd. 1,166
167: 485
168: Bd. 3,9
169: 57
170: 279
171: Bd. 1,102f.
172: 298
173: 298
174: 403f.
175: 482f.
176: 484f.
177: Bd. 3,27f.
178: 31
179: 94f.
180: 135
181: 168
182: 182
183: 194
184: 212f.
185: 574
186: 406f.
187: 513
188: 628
189: Bd. 4,I,1
190: 2–4
191: 14
192: 124
193: 192f.
194: Bd. 3,38f.
195: 174
196: 260f.
197: 284
198: 523
199: 575f.
200: Bd. 4,I,31
201: Bd.1, 110f.
202: 174
203: 252
204: Bd. 3,14
205: 80f.
206: 121
207: 145f.
208: 169
209: 237f.
210: 298f.
211: 367f.
212: 548f.
213: 549
214: 639f.
215: Bd. 4,I,5
216: Bd. 1,73
217: Bd. 3,24
218: 75
219: 75
220: 163
221: 542f.
222: 566f.
223: Bd. 4,1,304
224: Bd. 2,14
225: Bd. 3,82
226: 145
227: 165
228: 213
229: 554f.
230: Bd. 4,1,246f.
231: Bd. 1,15
232: 77
233: 110
234: 385f.
235: 405
236: Bd. 1,488
237: 489
238: 489
239: Bd. 3,19
240: 25
241: 31
242: 57
243: 103
244: 145
245: 151
246: 158
247: 160f.
248: 185
249: 187
250: 202
251: 202f.
252: 203f.
253: 252
254: 530
255: 531f.
256: 548
257: 555
258: 585
259: 641
260: Bd. 4,I,106

261: 106
262: 107
263: Bd. 4,II,2
264: 3
265: 20
266: 35
267: Bd. 1,290
268: 458 f.
269: Bd. 3,57
270: 79
271: 409 f.
272: 456
273: 498
274: 498 f.
275: 516
276: 523
277: 574
278: 592 f.
279: Bd. 4,I,69
280: Bd. 2,226
281: Bd. 1,77
282: 103 f.
283: 151
284: 225
285: 335–337
286: Bd. 3,76
287: 161
288: 203
289: 279
290: 374 f.
291: 375
292: Bd. 4,I,201
293: 281
294: Bd. 4,II,12
295: 30 f.
296: Bd. 1, 93
297: 102
298: 104 f.
299: 211
300: 404 f.
301: 485
302: 236
303: 601 f.
304: 602 f.
305: Bd. 4,I, 94 f.
306: 96 f.
307: Bd. 1, 55
308: 256
309: 462
310: 480
311: Bd. 3, 68–70
312: 121 f.
313: 148
314: 160
315: 200
316: 345
317: 627
318: Bd. 4,I,111
319: 146 f.
320: 156
321: 170
322: 195
323: 201 f.
324: 252
325: 253 f.
326: 291
327: 291 f.
328: 292
329: Bd. 4,II,8
330: 19
331: 19 f.
332: 29

ARTHUR SCHOPENHAUER
IM INSEL VERLAG

SÄMTLICHE WERKE
5 Bände. Textkritisch bearbeitet von Wolfgang Freiherr von Löhneysen.

APHORISMEN ZUR LEBENSWEISHEIT.

KOPFVERDERBER
Über die Universitätsphilosophie und ihre Professoren
Herausgegeben von Otto A. Böhmer.

KRITZELEIEN
Herausgegeben von Alfred Estermann und Karl Riha.

DIE WELT ALS WILLE UND VORSTELLUNG
Faksimiledruck der ersten Auflage von 1819.
Mit einem Essay von Rudolf Malter.

ARTHUR SCHOPENHAUER
EIN LEBENSBILD IN BRIEFEN
Zusammengestellt und herausgegeben von Angelika Hübscher.